Discipulado
Paso a Paso

Guía de Discipulado
desde Nuevos Convertidos
hasta Servidores y Ganadores de Almas

FRANCIS LEE

PROLOGO

Nuestro Señor Jesús, durante su ministerio terrenal se dedicó exclusivamente a hacer discípulos. La intención de él, siempre fue capacitar, adiestrar, enseñar a otros a hacer el trabajo que él hacía y que después estos alumnos continuarían haciendo.

Lo anterior fue una prioridad para el Señor. Siempre en cada instante enseñaba, les explicaba y con su bella voz les daba entendimiento, les daba revelación divina de lo que era estar con él.

El escogió a 12 personas comunes, del vulgo, con los cuales transformaría el mundo entero. Ninguno de ellos, cabe resaltar eran parte de los escribas, ni sacerdotes de esos días, mucho menos hacían labores en el templo o en las sinagogas; al contrario, eran personas que no tenían capacidad alguna, pero si tenían un corazón dispuesto para dejarse enseñar, aprender y ser obedientes a cada una de las indicaciones que el Señor les daba. Tenían hambre de aprender, se maravillaban al ver todo lo que él hacía, decía y cómo lo decía. Jesús no solo hablaba de autoridad, él lo decía con autoridad, él era la autoridad.

"... **Toda potestad me es dada en el cielo y en la tierra.**
Por tanto, id y haced discípulos..."
(Mateo 28: 18-20)

Jesús les pidió que continuaran lo que Él había practicado con ellos. Los verdaderos discípulos no solamente crecerían a semejanza de su Maestro, sino que, ellos reproducirían en otros lo aprendido de él. Todos los convertidos hemos sido llamados a cumplir la Gran Comisión, es decir, a hacer discípulos.

Con el manual de discipulado que tiene, deseamos que esas grandes verdades, ese modelo de vida, las enseñanzas de parte del Señor se vuelvan más eficientes en cada uno de los escogidos de parte de Dios. El seguir con la relación de maestro – alumno, basado en el modelo de Jesús con sus discípulos es la mejor forma de reproducir escogidos en creyentes, servidores y ganadores de almas; para así poder optar a los galardones que él tiene preparados para cada uno de nosotros de acuerdo a nuestra labor.

Simplistamente, el discípulo de Jesús es el que le obedece y aprende a ser como él; para luego reproducir esa vida en otros.

Les animo, tanto al que guiará al escogido a la nueva vida en Cristo; como a aquel que desee aprender y seguir los pasos de nuestro Señor y Dios a que juntos se embarquen en esta nueva vida.

Enseñar, aprender, disposición, obediencia y mantenerse firmes serán esenciales en esta etapa de vuestras vidas.

El modelo de hacer discípulos es el más efectivo para hacer creyentes sólidos, firmes. Hágalo, los frutos son una alegría perenne.

Bendición a sus vidas.

INDICE

CONTENIDO	Páginas
PASO I: Elegido	3 - 22
PASO II: Congregarse	23 – 39
PASO III: Creyente	40 – 51
PASO IV: Ganador de Almas	52 – 63
Bibliografía	64
Auto examen: **Paso I**	65
Auto examen: **Paso II**	66
Auto examen: **Paso III**	67
Auto examen: **Paso IV**	68

PASO: I
"Elegido"

(1 Pedro 2:9)

CONTENIDO
PASO I

Sesión 1: La Biblia (Parte 1)	**Página 5**
Sesión 2: La Biblia (Parte 2)	**Página 7**
Sesión 3: Dios es Espíritu	**Página 10**
Sesión 4: Las manifestaciones de Dios	**Página 12**
Sesión 5: Jesús, el Salvador	**Página 14**
Sesión 6: y Yo, ¿cómo puedo ser salvo?	**Página 16**

Sesión 7: Plan de salvación	**Página 19**
Sesión 8: La Nueva vida en Cristo	**Página 22**

SESIÓN #1: LA BIBLIA
(Parte I)

¿Cuándo fue la última vez que leyó un libro? ¿De qué se trataba? ¿Qué es lo que conoce de La Biblia, qué recuerda de lo leído?

La Biblia
La Biblia es la Palabra de Dios (**2 Tim 3:17, 2 Ped 1:19-21**). Nuestro buen Dios nos habla y nos instruye por medio de su palabra, la cual la ha dejado escrita y recopilado a través de un libro el cual llamamos: Biblia. Por medio de este precioso manual llegamos a conocerlo a Él, conocer su voluntad y también para que conociéramos de dónde venimos y nuestro propósito. Este santo libro narra la historia, los milagros, prodigios y señales que Dios mismo hizo, cuando se manifestó en carne en medio de los hombres.

A continuación, expondremos varias interrogantes con sus respuestas a lo que la biblia es:

- **¿Qué Significa Biblia?**

La palabra Biblia, viene del Griego Biblion, que significa Libros o Colección de Libros pequeños.
Significa rollo, papiro o libro, y de la expresión griega τὰ βιβλία τὰ ἅγια (ta biblía ta hágia), que significa los libros sagrados. La Biblia es el conjunto de libros canónicos del judaísmo (sólo el Antiguo Testamento) y del cristianismo, es la Palabra de Dios. Para el cristianismo, la Biblia es una colección o recopilación de textos o libros escritos por hombres por inspiración divina, y que contiene las doctrinas que orientan el comportamiento de los cristianos. La Biblia expone cómo el Dios creador se ha relacionado, se relaciona y se relacionará con el ser humano. De igual forma, la Biblia expone los atributos y el carácter de Dios.

- **¿Quién la escribió?**

Fue escrita con puño y letra por hombres, que desempeñaron diferentes funciones; sacerdotes, profetas, reyes, pescadores, gente con pocos recursos y otros con abundancia de estos. Muchos de sus autores no se conocieron entre sí, fueron en años distintos, sin embargo, todos ellos a pesar de no conocerse ni vivir en los mismos tiempos, mantienen una línea de pensamiento y dirección; siendo lo anterior posible ya que fue una inspiración de Dios mismo para ellos.

La Santa Biblia (biblia sacra en latín) es el libro más vendido de todos los tiempos. Ha sido escrita originalmente en arameo, hebreo y griego, ahora está traducida en más de 2500 idiomas, y está disponible en diversas versiones, debido a los diferentes traductores, y también está disponible online, de estudio, con comentarios, para niños, para jóvenes, para la mujer, para hombres, etc. con diferentes comentarios dependiendo de la Biblia.

El primer libro de la Biblia, el **Génesis**, fue escrito alrededor del 1445 A.C., y el último libro, el **Apocalipsis**, alrededor del 90-96 D.C. La Biblia ha sido escrita por aproximadamente 40 hombres en un período de cerca de 1600 años.

- **¿Por qué y para qué fue escrita?**

  La Biblia es el mapa, el libro de instrucciones para que aquellos hombres que quieren agradar a Dios, para todos aquellos que quieran agradar a Dios y no extraviarse del camino, para conocer mejor del Señor nuestro Dios, para llegar a la meta y poder así recibir el regalo perfecto de la salvación
  La Biblia contiene la sabiduría, el conocimiento, el poder y el amor de Dios, sus obras, sus promesas y el plan de salvación, los cuales están registrados con la única intención que el ser humano las obtenga y viva una vida en abundancia.

2 Tim 3:16-17 detalla en si el propósito de la biblia: "Toda la escritura es inspirada por Dios y útil para **enseñar**, para **redargüir**, para **corregir**, para **instruir** en justicia, a fin de que el hombre de Dios sea perfecto, enteramente preparado para toda buena obra".

Un estudio de las palabras claves en ese versículo seria:

- A. **Enseñar:** Comunicar conocimientos, ideas, experiencias, habilidades o hábitos a una persona que no los tiene. Hacer ver de forma práctica, mediante una explicación o una indicación, cómo funciona, se hace o sucede una cosa.
- B. **Redargüir:** reprensión, es decir, nos amonesta por nuestras conductas
- C. **Corregir:** Hacer que disminuya o desaparezca un defecto, una alteración o una imperfección
- D. **Instruir:** Proporcionar conocimientos, habilidades, ideas o experiencias a una persona para darle una determinada formación

La Palabra fue y es dada por Dios a los hombres, para comunicarnos los conocimientos de él, amonestarnos por nuestra mala conducta, hacer desaparecer nuestros defectos y para darnos conocimientos y habilidades; con el deseo que el ser humano se llegue y se mantenga en el camino correcto.

El Salmo 119 nos da una verdad inefable: lámpara a mis pies es tu palabra y lumbrera a mi camino. Sin el mapa, sin las instrucciones de la poderosa palabra de Dios, el ser humano está sin sentido, sin dirección.

> ## "La Búsqueda"
>
> Una historia fue dicha acerca de una familia pobre que vivía en una casa antigua. Esa familia apenas, tenía comida y luchaba a diario para sobrevivir. Por muchos años habían estado necesitados de las cosas indispensables para vivir, pero un día, por curiosidad, ellos decidieron explorar el desván de su casa.
> A su gran asombro, hallaron un cofre lleno de oro, plata y joyas. ¡Increíbles riquezas a su alcance!
>
> (texto tomado del libro: "Búsqueda de la verdad")

La misma historia existe en millones de hogares en todo el mundo. Dentro de las páginas de nuestra Biblia están las más grandes riquezas que este mundo jamás va a conocer, más los hombres pasan todos los días y nunca hacen caso del mensaje que contienen.

Nuestra Biblia no solamente es una guía para una vida más rica y llena en este mundo, pero también es para guiarnos a aquel lugar que Dios ha preparado para los que obedecen el contenido de sus páginas.

Este libro que tenemos en nuestras manos se ha abierto por reyes y gobernadores, por los ricos y los pobres en igualdad. Muchas madres han derramado lágrimas en las páginas de estas escrituras sagradas. Pero la razón por la que estamos abriendo este libro Sagrado es para buscar a través de sus páginas, las verdades escondidas de la vista nuestra y dejar que Dios hable a nuestros corazones.

SESIÓN #2: LA BIBLIA*
(Parte II)

La Biblia está compuesta por dos secciones:
- **El Antiguo Testamento**
- **El Nuevo Testamento**

El **Antiguo Testamento** consta de 39 y el **Nuevo Testamento** de 27, para un total de 66 Libros.

Cada uno de ellos es de total interés e importancia para todo aquel que desee conocer y aprender más del Señor nuestro Dios.

Dentro de las diferentes versiones de La Biblia, existen unas que contienen 73 Libros, es decir, 7 libros más. Dichos libros son llamados Apócrifos, palabra que significa: **No Inspirados**.

Son considerados **"no inspirados"**, ya que contienen enseñanzas y/o narraciones que no armonizan con los demás escritos, también contienen muchos errores en las narraciones y son añadiduras a los libros de Daniel y Ester. (Enseñanza por separado sobre los Apócrifos).

La grandeza del *Antiguo Testamento (A.T.)* radica en que sin este no podríamos entender el *Nuevo Testamento (N.T.)* En el A. T. encontramos: figuras, símbolos y tipos que nos van dando un adelanto para un fácil y mejor descubrimiento de Jesucristo y su obra por la humanidad (Mateo 1:21-23).

El *Antiguo Testamento* (Tanaj para los judíos y Septuaginta para los griegos) tiene 39 libros que cuentan historias relacionadas con la creación del mundo y de todos los acontecimientos del pueblo de Israel, de los hebreos, hasta aproximadamente el año 445 A.C. Su último libro (Malaquías) habla de la venida del Mesías.

El *Antiguo Testamento* se divide canónicamente de la siguiente manera:
- ➤ **La Ley:** Pentateuco (Génesis, Éxodo, Levítico, Números y Deuteronomio)
- ➤ **Históricos:** Josué, Jueces, Ruy, 1 y 2 (Samuel, Reyes, Crónicas), Esdras, Nehemías, Ester.
- ➤ **Poéticos:** Job, Salmos, Proverbios, Eclesiastés y Cantares

> **Libros Proféticos:** Profetas mayores y menores:
> > Profetas Mayores: Isaías, Jeremías, Lamentaciones, Ezequiel y Daniel.
> > Profetas menores: Oseas, Joel, Amós, Abdías, Jonás, Miqueas, Nahúm, Habacuc, Sofonías, Hageo, Zacarías, Malaquías.

***Escrito condensado del curso alfa**
Los libros proféticos del (A. T.) son llamados **"mayores y menores"**, no porque algunos de ellos tengan más importancia que los otros: sino que es de acuerdo a la extensión de sus escritos y a la línea de mensaje que ellos mantienen.

El *Nuevo Testamento* es el cumplimiento de la verdad que se anunciaba (por medio de tipos, sombras y símbolos) en el *Antiguo Testamento*, y nos prepara para lo venidero.
Se divide la siguiente manera:

El **A.T.** anuncia al único Dios y nos prepara para su venida. Hay Un Dios y él vendrá.	Las 4 versiones del Evangelio cuentan la vida, milagros, muerte y resurreccion de ese Dios manifestado en carne: Jesús.
Las **epístolas** o cartas enseñan al convertido cómo es y debe de ser la "Nueva Vida" en Cristo.	El **Apocalipsis** o **Libo de Revelación** habla del triunfo de Jesús, el único sentado en el único trono y el digno de abrir el libro sellado.

> **4 Versiones del Evangelio (Mateo, Marco, Lucas, Juan):** Nacimiento, muerte, sepultura y resurrección del Señor Jesucristo.
> **Libro Histórico (Hechos de los apóstoles o del Espíritu Santo):** cuenta la historia del nacimiento de La Iglesia.
> **Cartas Paulinas:** 14 escritas por el apóstol Pablo.
> **Cartas Generales o Universales:** 7 cartas por diferentes escritores.
> **Libro de Profecía:** Apocalipsis o Libro de Revelación.

Con certeza podemos afirmar que Jesús es el centro de La Biblia.
La Biblia entera puede llamarse sin vacilar: "la historia de Jesús".

Después de un poco más de 400 años de silencio, empieza el *Nuevo Testamento*, que tiene 27 libros.
El *Nuevo Testamento* contiene las 4 versiones del Evangelio (**Mateo, Marcos, Lucas y Juan**). Estos presentan la historia de Jesucristo, la cual abarca los acontecimientos durante su vida, su mensaje, las señales, milagros, prodigios y la revelación de su deidad, su muerte, su resurrección, y después de su muerte; así como también las cartas apostólicas, que presentan la historia de los primeros cristianos.

*Símbolos de La Biblia

a)	Espada de dos filos	Hebreos 4:12
b)	Martillo que quebranta el corazón del hombre	Jeremías 23:29
c)	Luz	2 Pedro 1:19
d)	Agua	Juan 7:3-8
e)	Leche	1 Pedro 2:2
f)	Espejo	Santiago 1:22-24
g)	Fuego	Jeremías 23:29

Razones de peso para creer que la Biblia es palabra de Dios:
1. Porque la Antropología, que no es una ciencia cristiana ha verificado que los lugares, personajes y acontecimientos narrados en la Biblia, realmente existieron.
2. Porque las Profecías con relación al nacimiento del Mesías se cumplieron.
3. Porque las profecías para éstos últimos tiempos descritos en ella están teniendo su cumplimiento.
4. Todo lo que acabamos de ver nos demuestra que la Biblia es la Palabra de Dios, pero hay una razón de mayor peso: Es la transformación que produce el leer y el oír la Palabra de Dios en el corazón de los hombres.

Ningún Libro en el mundo puede cambiar al hombre como La Biblia. Por esto afirmamos que la Palabra de Dios es viva y eficaz.

Arqueología bíblica (Fuente: Wikipedia)
Las investigaciones arqueológicas en la zona donde se desarrollan los hechos narrados en la Biblia tienen como un resultado añadido la comprobación de los hechos, lugares y personajes que aparecen citados en los diferentes libros que componen la Biblia. Incluso se ha llegado a crear el término de *arqueología bí-*

blica para denominar a una parte de la arqueología que se encarga de estudiar los lugares indicados en la Biblia.

Hay varios casos en que los descubrimientos arqueológicos han señalado congruencias con los hechos o personajes bíblicos. Entre esos descubrimientos se encuentran los siguientes:

- **Hallazgos en Nínive:** En el palacio de Senaquerib hay un bajo relieve que muestra a las tropas asirias llevando cautivos a los israelitas tras la caída de Laquis, hecho relatado en el Segundo libro de los reyes.27 En las piezas conocidas como Anales de Senaquerib se relatan los hechos realizados durante el reinado de Ezequías y a este mismo personaje. También es curioso como en el listado de ciudades conquistadas por los asirios no aparece Jerusalén lo cual concuerda con el relato bíblico de que fueron derrotados a sus puertas, al igual que se relata el asesinato de Senaquerib que están incluidos en el Libro de Isaías.
- **Cilindro de Ciro:** Se encontró en Sippar, cerca de Bagdad (Irak). Narra la conquista de Babilonia por Ciro el Grande. Algunos ven en el relato de Isaías 13:1, 17-19 e Isaías 44:26-45:3 la profecía de la destrucción de Babilonia por Ciro. También en el cilindro se expone la política de Ciro de dejar volver a los pueblos deportados a su tierra de origen, tal y como sucedió con los israelitas.

La Biblia puede probarse que es científicamente verdadera. Cuando la gente creía que la tierra era plana, en la Biblia ya decía que la tierra era un círculo, o una esfera. (**Isa 40:22**).

Para el cristiano que desea seguir a Jesús la Biblia debe ocupar el primer lugar en su vida, su hogar, y sus pensamientos cada día. Como la comida es el alimento de su cuerpo, la Biblia es el alimento de su alma y espíritu. La Biblia es el libro más rico del mundo en historias, aventura, amor y coraje.

Para aquella persona que tiene falta de sabiduría ella es un manantial de conocimiento.
(**Leer 2 Tim 3:14-17 / Jos 1:8**).

No hay duda que la biblia es la palabra de Dios.

FRANCIS LEE

*Escrito condensado del curso alfa

SESIÓN #3: DIOS ES ESPÍRITU
(Jn 4:23-24)

La enseñanza de que "Dios es espíritu" se encuentra en Juan 4:24: " Dios es Espíritu; y los que le adoran, en espíritu y en verdad es necesario que adoren". Jesús dijo esto a una mujer que pensaba que el lugar físico tenía una influencia en la correcta adoración a Dios.

Algunos se preguntan por qué la Biblia algunas veces habla de Dios como si Él tuviera un cuerpo. Por ejemplo, Isa 59:1 menciona "la mano" y "el oído" de Dios. 2 Cro 16:9 habla de "los ojos" de Dios. Mat 4:4 coloca palabras en "la boca" de Dios, Deut 33:27 Dios tiene "brazos".

Los versículos anteriores son ejemplos de antropomorfismo — una forma de describir a Dios con términos anatómicos o emocionales para que los seres humanos lo puedan entender mejor. El uso del antropomorfismo, una forma de lenguaje figurativo, no implica que Dios tenga un cuerpo real.

Al decir que Dios es espíritu, decimos que Dios es invisible. Colosenses 1:15 llama a Dios "el Dios invisible". 1 Timoteo 1:17 alaba a Dios, diciendo: "al Rey de los siglos, inmortal, invisible, al único y sabio Dios, sea honor y gloria por los siglos de los siglos".

Aunque Dios es espíritu; podemos conocerlo personalmente. Josué 3:10 habla de Dios de esta manera, diciendo, "En esto conoceréis que el Dios viviente está en medio de vosotros". Salmo 84:2 declara, "Mi corazón y mi carne cantan al Dios vivo".

Características que se aplican sólo a Él.
- **UN DIOS INVISIBLE.**

Fuimos hechos a semejanza de Él, pero Él no es a semejanza nuestra. Él no tiene una corporalidad. La Biblia en el libro de la Revelación se esfuerza por darnos a entender aquello (Apocalipsis 4:2,3).

La esencia del ser de Dios es espíritu, no hay elemento material en su ser. Dios no es materia, no depende de la materia ni tiene cuerpo; Él mismo es el creador de la materia (Col 1: 15-18).

- **UN DIOS RACIONAL Y MORAL**

Dios piensa, habla y crea. Su pensamiento es voz, ya que no tiene boca (Gen 1, Juan 1:1). Y como nunca piensa mal jamás crea algo inadecuado. Igual cosa con los humanos, nos ha dado libre albedrio (1 Cor 9:17-19).

- **UN DIOS COMUNICATIVO**

Aquel que siempre está pendiente de nosotros, como sus hijos. Trayendo por medio de su palabra, por la oración y por la alabanza pensamientos y sentimientos a nosotros. La palabra de él es vida (Rom 10:17). Antes nos hablo por medio de teofanías y por sus profetas, pero ahora Él lo hace por medio de Jesucristo, escúchalo, no resistas a él (Heb 1:1-2).

- **UN DIOS REVELADO**

Cuando la Biblia habla de las manos, ojos y boca de Dios, en realidad está adaptando el lenguaje a nuestra comprensión humana (Deut 5:15; 7:19; 11:12; 1 Rey 8:15; 1 Cro 4:10; 2 Cro 6:4; 2 Sam 15:25). Dios no podía revelarse de otro modo que no fuera en términos humanos: una zarza ardiente, agua que brota de la peña, milagros, una voz del Sinaí, etc. Juan dice: "Ningún hombre ha visto jamás a Dios, el Unigénito Hijo que está en el seno del Padre, él le declaró" (Juan 1:18). Es categórico, nadie ha visto a Dios.

- **UN DIOS ENCARNADO**

Jesucristo hizo tangible a Dios y a la experiencia de los hombres. Jesucristo es la imagen del Dios invisible (Col 1:15, Heb 1:3). **Col 2:9 en Él habita corporalmente toda la plenitud de la deidad.** La revelación de Dios en Jesucristo representa la manifestación más grande, sin la cual aún no podríamos entender la inmensidad y majestuosidad de ese Dios único y verdadero.

Características y/o atributos de Dios:

- **Dios no solo existe, sino que está en todas partes, por lo tanto, es OMNIPRESENTE**

(Sal 139:7-8 / Jer 23: 24 / Gen 16:13 / 2 Cro 2:6 / Mt 20:20 / Hch 7:48, 17:24-28)

- **Lo sabe todo, él es perfecto en conocimiento: es OMNISCIENTE**

(Sal 139: 2-3 / Prov 5:3, 5:21 / Hch 15:18 / Job 11:7-8 / Isa 40:26-27, 46: 9-10 / Mt 10:29-30 / 1 Jn 3:20)

- **Para Él no hay nada imposible: es OMNIPOTENTE (TODOPODEROSO).** La omnipotencia de Dios indica el absoluto poder y perfección del poder de Dios. La autosuficiencia en su soberanía. (Gen 18:14 / Job 42: 2 / Apo 1:8).
- **Dios es INVISIBLE.** (1 Juan 4:12)
- **Todo lo que existe, visible o invisible, fue hecho por Él: es CREADOR** (Gen 1:1)

- **Para Él no existe el tiempo pues es sin principio ni fin: es ETERNO** (Ex 3:14 / Sal 90:2 / Hab 1:12)
- **No tiene límites en el espacio: es INFINITO.**
- **No se puede dividir: es ÚNICO e INDIVISIBLE.**
- **Expresa la naturaleza de Dios: él es AMOR.** (1 Jn 4:16 / Jn 3:16 / Rom 5:13)
- **Es en absoluto perfecto, sin error, sagrado: es SANTO.** (1 Ped 1:15-16 / Isa 6:3, 41:14)
- **No hay manera de describirlo plenamente: es INDESCRIPTIBLE.**
- **El tiempo y el cambio son negados por Dios: él es INMUTABLE.** (Mal 3:6 / Stgo 1:7)

Estos atributos lo hacen diferente de otro ser; pero ante todo Dios es Amor y Vida. Dios es un Dios infinito en extensión y absoluto en atributos; es insondable y maravilloso. **(Salmos 139:7)**.

En el *Antiguo Testamento* podemos observar versículos bíblicos de las características de Dios los cuales hablan de su esencia única e indivisible: **"DIOS es UNO"**.

- **Deuteronomio 6:4** "Oye Israel: Jehová, nuestro Dios, Jehová uno es."
- **Nehemías 9:6** "Tú solo eres Jehová. Tú hiciste los cielos, y los cielos de los cielos, con todo su ejército, la tierra y todo lo que está en ella, los mares y todo lo que hay en ellos. Tu vivificas todas estas cosas, y los ejércitos de los cielos te adoran."
- **Job 9:8** "Él solo extiende los cielos, y anda sobre las olas del mar"
- **Salmo 83:18** "Y conozcan que tu nombre es Jehová; ¡j Tu solo el Altísimo sobre la tierra!"
- **Salmo 86:10** "¡Solo tú eres Dios!"
- **Isaías 43:10** "Vosotros sois mis testigos, dice Jehová, y mi siervo que yo escogí, para que me conozcáis y creáis y entendáis que yo mismo soy; antes de mí no fue formado dios ni lo será después de mí."
- **Isaías 45:5-6** "Yo soy Jehová y no hay ningún otro. No hay Dios fuera de mí. Yo te ceñiré, aunque tú no me has conocido, para que se sepa desde el nacimiento del sol hasta

donde se pone, que no hay más que yo. Yo soy Jehová, y no hay ningún otro.

También en el *__Nuevo Testamento__* encontramos estas declaraciones:
- **Mr 12:28-30** "Acercándose uno de los escribas, que los había oído discutir y sabía que les había respondido bien, le preguntó: ¿Cuál es el primer mandamiento de todos? Jesús le respondió: el primero de todos los mandamientos es: **Oye, Israel: el Señor nuestro Dios, el Señor uno es.** Y amarás al Señor tu Dios, con todo tu corazón, con toda tu alma, con toda tu mente y con todas tus fuerzas. Este es el principal mandamiento.
- **Stgo 2:19** "Tú crees que Dios es uno; bien haces. También los demonios creen y tiemblan.

SESIÓN #4: MANIFESTACIONES DE DIOS
(Heb 1:1-2)

Las teofanías:
Una de las maneras en las cuales Dios se reveló en el Antiguo Testamento y trató con el hombre al nivel de un hombre era por medio del uso de teofanías. Una teofanía es una manifestación visible de Dios, y normalmente la consideramos como siendo temporal en su naturaleza. Como hemos visto, Dios le es invisible al hombre. Para hacerse visible, Él se manifestaba en una forma física. Aunque nadie puede ver el Espíritu de Dios, se puede ver una representación de Dios. (Libro Unicidad, de David K. Bernard).

Todo el pueblo de Israel tuvo la bendición de ver y oír de las manifestaciones de Dios en ellos, ya fuera como truenos, relámpagos, como nube, humo, fuego, voz de trompeta, también los profetas vieron visiones de Dios, ya fuera como hombre envuelto en fuego o como el anciano de Dios, pero a muchos de ellos se les manifestó e incluso la manifestación del hombre con espada que se le apareció a Josué y se identificó como el **"Príncipe del ejercito de Jehová"**. (Josué 5:15)

En **Heb 1:1-2** se resume todo el Antiguo Testamento, más o menos 4.000 años de historia.
Como Dios es espíritu, invisible, incorpóreo; pero a la vez es todopoderoso, para poder tratar con el hombre debía hacerse visible. El hombre quien está hecho a semejanza de Dios, pero Dios no está hecho a semejanza del hombre pudiera entenderle.

Las manifestaciones más conocidas: A:
Abraham, Jacob, Moisés

Manifestaciones

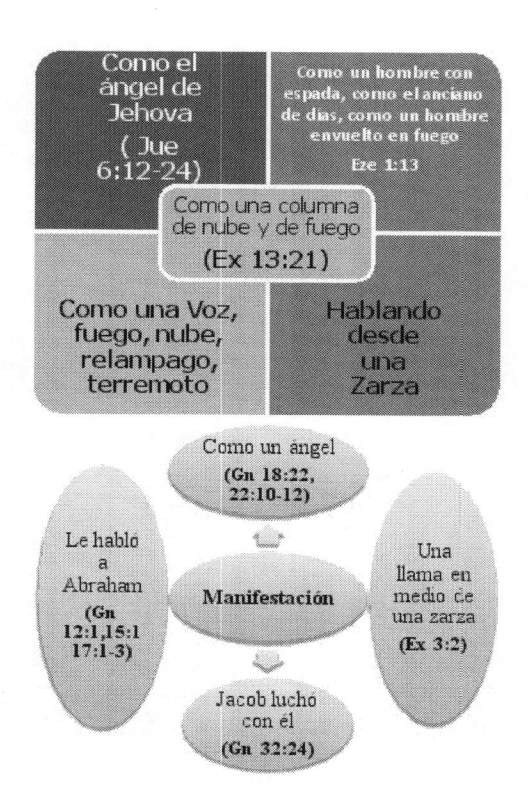

- Como el ángel de Jehová (Jue 6:12-24)
- Como un hombre con espada, como el anciano de días, como un hombre envuelto en fuego Eze 1:13
- Como una columna de nube y de fuego (Ex 13:21)
- Como una Voz, fuego, nube, relámpago, terremoto
- Hablando desde una Zarza

Manifestación:
- Como un ángel (Gn 18:22, 22:10-12)
- Le habló a Abraham (Gn 12:1, 15:1, 17:1-3)
- Una llama en medio de una zarza (Ex 3:2)
- Jacob luchó con él (Gn 32:24)

Suceso importantísimo y trascendental fuese si Jesús mismo se manifestase a ti, si el mismo Dios todo poderoso, el cual anduvo caminando aquí en medio de los hombres, te hablara.

> **Fil 2:6-8** *el cual, siendo en forma de Dios, no tuvo por usurpación el ser igual a Dios; sino que se despojó a sí mismo, tomando forma de siervo, hecho semejante a los hombres; y hallado en la condición de hombre, se humilló a sí mismo, haciéndose obediente hasta la muerte, y muerte de cruz.*

Más que una manifestación

- **1 Tim 3:16** E indiscutiblemente, grande es el misterio de la piedad: Dios fue manifestado en carne, justificado en el Espíritu, visto de los ángeles, predicado a los gentiles, creído en el mundo, recibido arriba en gloria."

- **Col 2:9** "Porque en él (Jesús) habita corporalmente toda la plenitud de la divinidad"
- **Juan 1:14** "Y el verbo se hizo carne, y habitó entre nosotros lleno de gracia y de verdad..."

El Nuevo Testamento no registra ninguna teofanía de Dios en forma humana fuera de Jesucristo. Por supuesto, Jesús era más que una teofanía; Él no era solamente Dios apareciendo en la forma de un hombre, sino que era Dios vestido de un cuerpo y una naturaleza humana verdadera.

Ahora bien, en el Nuevo Testamento no hay manifestaciones de Dios en diferentes medios como los anteriores vistos; y la razón es que no hay necesidad de ellas.

En el Nuevo Testamento, Dios se halla plenamente expresado en Jesucristo. Jesús mismo declara y revela completamente al Padre **(Jn 1:18, 10:30)**. Jesús es la imagen del Dios invisible, el resplandor de Su gloria, y la imagen misma de Su sustancia **(Col 1:15, Heb 1:3)**. (Unicidad de Dios, Rev. David K. Bernard).

Aunque hay diferentes manifestaciones de Dios, a lo largo de los tiempos, él se manifiesta así:
- **Padre** en la creación de todas las cosas, como
- **Hijo** en el perdón de pecados al hombre y dando salvación; y como
- **Espíritu Santo** en la regeneración de los creyentes.

La Biblia es un libro monoteísta, es decir, que habla de la existencia de un solo Dios, y este Dios es quien vino a salvarnos **(Isa 52:6)**. Y llamarás su nombre **Jesús**, porque Él salvará al pueblo de sus pecados **(Mt 1:21)**. Decid a los de corazón apocado: ¡Esforzaos, no temáis! He aquí que vuestro Dios viene con retribución, con pago; Dios mismo vendrá y os salvará. **(Isa 35:4)**.

A esta manifestación de Dios es a lo que La Biblia llama el Hijo de Dios; Hijo es lo que nace, por eso es llamado así; **Lc 1:31, 35**. Por eso vemos a Jesucristo en muchos pasajes actuando y hablando como el Padre; **Jn 14:8 -9** y en otras ocasiones como el Hijo. Es por esta razón que Él oraba (como hombre) pero a la vez Él es quien responde la oración (como Dios).

Jesús ora al Padre, y con frecuencia habla a sus seguidores acerca del Padre. Ejemplos:
- ☐ **Jn 17:1** Estas cosas habló Jesús, y levantando los ojos al cielo, dijo: Padre, la hora ha llegado; glorifica a tu Hijo, para que también tu Hijo te glorifique a ti;
- ☐ **Jn 14:1** No se turbe vuestro corazón; creéis en Dios, creed también en mí.
- ☐ **Mt 24:36** Pero del día y la hora nadie sabe, ni aun los ángeles de los cielos, sino sólo mi Padre.

La manifestación más grande y excepcional es él mismo en carne, caminando en medio de su pueblo, tomando el cuerpo de hombre para redimir a este de todos sus pecados. Jesús es Dios.

FRANCIS LEE

Fil 2: 6-11

+Del libro: "La Unicidad de Dios, de Rev. David K. Bernard"

SESIÓN #5: JESÚS, EL SALVADOR
(Mt 1:21)

¿Te has imaginado alguna vez, estar en un abismo a punto de caer y alguien te lanza una cuerda para rescatarte?

Los primeros dos capítulos del Génesis nos enseñan que son los únicos en los que la mancha del pecado no existe; luego viene la caída del hombre, la desobediencia, la mentira, la triple tentación que el enemigo usa para engañar, la alteración de las palabras de Dios y el culpar a otro se hacen presentes. Nada puede hacer el hombre por él mismo. Los últimos dos capítulos del libro del Apocalipsis nos dan la esperanza de la victoria del Cristo (de Jesús) y tampoco tienen la mancha del pecado.

Analicemos:
* Al hombre no lo podía salvar el hombre **(Hch 4:12, 16:31, Salmo 62:1)**
* Ni sus obras lo podían salvar. **(Efe 2:8).**
* La ley tampoco los podía salvar porque la ley no vino para redimir sino para mostrar el pecado y condenar. **(Gal 3:21-22).**

Sinónimos de salvación:
Rescate, liberación, seguridad, entrega, salida, preservación. Esta salvación incluso es aquella que va acompañada de dar perdón, sanar, restaurar y libertar. Esta misma es la que Dios mismo, por medio de Jesucristo ha traído a nosotros, abarcando en totalidad la salvación del ser humano: espíritu, alma y cuerpo.

Dios, que es el único que puede salvar al mundo **(Isa 43:10-11)**, se manifestó en carne como Jesús **(Mt 1:21)** y vino a buscar y salvar lo que se había perdido **(Luc 19:10 y Jn 3:16)**. El nombre de Jesús significa Salvador, Dios salva.
La misión de nuestro bello y buen Señor, es salvarnos. Nada le interesa más a él como el que nosotros tengamos vida eterna. El hombre en su condición natural desde la caída de Adán ha sido el estar separado de Dios, el pecado no puede estar en la presencia de Dios y es por eso mismo que cuando la serpiente habló

palabras que no eran, para engañar a Eva, el pecado empezó a entrar en ella y sucumbió. Todo lo anterior siempre ha sido la intención del enemigo, el querer llevar a la miseria, desgracia y solamente tristeza en la vida del hombre.

Dios había proporcionado una vida eterna al hombre en el Edén, es decir, le había entregado la salvación gratuitamente, el hombre no tuvo que hacer algo para obtenerla. Dios lo creó con ella y le mostró la forma de mantenerla. Su salvación dependería de una sola condición: OBEDECER.

Las tentaciones y estrategias de Satanás son eficaces y poderosas. De hecho, él engañó a:

- Los ángeles
(**Apo 12:3-9**),
- A todos los habitantes de la tierra en los días de Noé, a excepción de la familia de este
(**Gen 6:1-8 / 1 Ped 3:20**), es más,
- Casi el mundo enteró lo seguirá (**Apo 13:3**), pocos serán salvos (**Mt 7:14 / 22:14**).

Por eso y por mucha maldad más es necesario de la presencia de un salvador, el cual:
- Erradique el mal por completo de la creación (**1 Jn 3:8 / Heb 2:14**).
- Nos pase de tinieblas a abundante luz (**1 Ped 2:9**).
- Restaure nuestro espíritu (**1 Cor 5:5**).
- Salve nuestra alma (**1 Ped 1:9**).

Leer **Rom 5:8-11** y analizar los puntos centrales de estos versículos:
a. Siendo aún pecador, Jesús murió por nosotros
b. Por él seremos salvos de la ira
c. Reconciliados con Dios

El Señor Jesucristo no murió en la cruz por idea del Sumo Sacerdote o de Pilato o de cualquier otro que teniendo una mente embotada pensase que acabaría con el Señor. Al contrario, todo esto estaba en su precioso plan para salvar a la humanidad (**Hch 4:26-28**).

Jesús no murió en la cruz porque los romanos lo mataron, o porque Judas Iscariote lo entregó a cambio de unas monedas, ni porque los judíos lo lograron atrapar. Él murió en la cruz porque quiso voluntariamente dar su vida por la nuestra. Debido a ese sacrificio nuestro pecado, desobediencia y afrenta a Dios son perdonados. Por medio de él somos reconciliados; es decir, volvemos a tener comunión, intimidad, acercamiento y amistad con el Señor de la que una vez tuvimos, gozamos y ahora volvemos a tener.

Entonces Jesús vino predicando el evangelio y diciendo: "El tiempo se ha cumplido... arrepentíos y creed en el evangelio." **Mr 1:14-15** Precisamente el evangelio consiste en esa buena noticia de la vida, muerte, sepultura y resurrección de

Cristo **(1 Cor 15:1-3)**.

Rom 6:23 porque la paga del pecado es muerte, más la dadiva de Dios es vida eterna en Cristo Jesús nuestro Señor.

El pecado es todo aquello que nos aleja y separa de Dios, porque Dios es Santo, puro, perfecto y nada impuro puede estar cerca de él; por lo tanto, el pecado nos corta de su presencia (Lev 20:7 / 1 Ped 1:16).
Por medio de Cristo, recibimos una dadiva (regalo) lo cual es la vida eterna.

SESIÓN #6: Y YO: ¿CÓMO PUEDO SER SALVO?
(Mr 16:16)

Vayas al lugar que vayas, siempre habrá ciertos requisitos para poder entrar. Lugares de empleos, de estudios, algún club de amigos, bancos en el sistema financiero, visas para viajar a otros países, etc. Siempre es necesario que se cumplan con los requisitos que se nos piden.
Lo que todos debemos hacer es lo que Jesús dijo a Nicodemo en Juan 3:3 "nacer de nuevo".
Si el hombre, no nace de nuevo no puede ver ni entrar en el reino de Dios. Tenemos que tomar una nueva naturaleza, una nueva forma de vida, algo nuevo en lo que seremos, en otras palabras, una nueva vida en Cristo.

El nuevo nacimiento es un proceso que Dios hace a través de su Palabra y su Espíritu en el corazón de quien quiera ser salvo. El entregar nuestra vida al Señor, trae una solución; la cual proviene de él, de nuestra parte es requerido solamente la disposición del corazón y el deseo de amar, honrar y servir a aquel que nos rescató. No hay nada que hacer para ganar la salvación, nada que pagar para obtenerla; pero si es necesario cumplir con ciertos requisitos:

> Que abandone el malvado su camino, y el perverso sus pensamientos. Que se vuelva al Señor, a nuestro Dios, que es generoso para perdonar, y de él recibirá misericordia. (Isa 55:7)

> Diles: "Tan cierto como que yo vivo —afirma el Señor omnipotente—, que no me alegro con la muerte del malvado, sino con que se convierta de su mala conducta y viva. ¡Conviértete, pueblo de Israel; conviértete de tu conducta perversa! ¿Por qué habrás de morir?" (Eze 33:11)

A. OIR EL EVANGELIO:
El evangelio es el mensaje de salvación, las buenas nuevas que anuncian al hombre que solo en Jesús hay vida eterna.

Pablo afirma que este evangelio es "poder de Dios para salvación a todo aquel que cree", cada persona debe oír la predicación y la explicación del evangelio, esto llega al hombre por medio del oído. "Así que la fe es por el oír y el oír por la palabra de Dios **(Rom 10:7)**.

Esta fue una declaración poderosa del apóstol Pablo, entonces el oír es de una importancia tremenda, es interesante notar que la salvación no es por ver o tocar, hay muchos que quieren ver para creer,

- **Martha** quería ver a Lázaro resucitado para creer, a ella le dijo: "No te he dicho que si creyeres verás la gloria de Dios **(Jn 11:40)**.
- **Tomas** quería tocar al Señor para convencerse que había resucitado y Jesús reprendió la incredulidad de ellos **(Jn 20:28)**.
- **Felipe** habló el evangelio de Jesucristo a un etíope funcionario de la reina de Candace y éste se convirtió **(Hch 8:26-37)**.
- **Saulo** oyó una voz del cielo y su vida fue transformada, él creyó en el Señor **(Hch 9:3-5)**.
- **Cornelio** oyó el testimonio de Pedro y se convirtió inmediatamente y podemos mencionar a muchos más que oyendo fueron conducidos a creer **(Hch 10: 1-48)**.

B. ARREPENTIRSE DE SUS PECADOS:
Algo muy hermoso en la vida del creyente es la obra del Espíritu Santo, éste usa la palabra para redargüir nuestras conciencias y movernos al arrepentimiento, el hombre se arrepiente cuando en su vida sucede un cambio que afecta su manera de pensar y de actuar, un cambio radical.

El hombre se arrepiente, reconoce que ha pecado contra Dios, siente un dolor profundo por su desobediencia, y en su corazón se forma el propósito firme de alejarse por completo de todo lo malo.

Su actitud es como la del hijo prodigo, que después de malgastar la herencia que su padre le había dado y estando en la peor condición de miseria, vuelve en sí, se arrepiente de lo que ha hecho y reflexiona diciéndose a sí mismo: ¡Cuantos jornaleros en la casa de mi padre, tienen abundancia de pan y yo aquí perezco de hambre! Me levantare e iré a mi padre, y le diré padre, he pecado contra el cielo y contra ti. Ya no soy digno de ser llamado tu hijo; hazme como a uno de tus jornaleros. (**Lc 15: 11-21**).

En el centro mismo del arrepentimiento hay una actitud de humildad delante de Dios y Dios siempre responde con misericordia al que se humilla y le busca (**Sal 138:6, 51:7**).

C. CREER EN JESUCRISTO: Para recibir salvación existe un tercer requisito, después de oír y arrepentirnos, cada ser humano debe creer en Jesucristo, debe reconocer que él es el único que puede llenar nuestra necesidad espiritual.

El primer contacto que el hombre establece con Dios es mediante la fe, por la fe el hombre viene a ser el recipiente de la gracia Divina, es la fe el canal por el que las bendiciones del cielo se derraman en el alma del que cree, la única fe salvadora es la que nos liga a Cristo. Aparte de Cristo no hay nadie que salve, el hombre sin él está vacío, pero con él lo tiene todo. Fe es entregarse, uno se entrega al ser a quien ama y en quien confía, la fe genuina nos lleva a que nos entreguemos incondicionalmente, a poner nuestras vidas en las manos de Dios.

➢ Sin fe es imposible agradar a Dios
  (**Heb 11:6**).
➢ Más a cuantos lo recibieron, a los que creen en su nombre, les dio el derecho de ser hijos de Dios (**Jn 1:12**).
➢ Les dijo: Vayan por todo el mundo y anuncien las buenas nuevas a toda criatura. (16) El que crea y sea bautizado será salvo, pero el que no crea será condenado.
(**Mr 16: 15-16**).

D. MUESTRA DE OBEDIENCIA: EL ACTO DEL BAUTISMO: La prueba de que hemos pasado con triunfo los requisitos anteriores es la obediencia, que tan dispuestos estamos después de oír, arrepentirnos y creer a obedecer, la palabra de Dios dice: "Arrepentíos y Bautícese...", "El bautismo que corresponde a esto ahora nos salva...".

Hay muchos que se quedan en el creer, otros llegan a sentir un poco de arrepentimiento y aún más triste es que muchos tan solo se quedan en el oír, Cristo no quiere que tú te quedes a medias, él quiere que reúnas todos los requisitos para que recibas tu salvación. Él quiere ser tu salvador, pero también quieres ser tu Señor.

- ☐ **Como salvador**: redime,
- ☐ **Como Señor**: da órdenes y tú tienes que preguntar como pablo ¿Quién eres Señor?, ¿Qué quieres que haga?

El Señor quiere que tú seas bautizado en su nombre; el Nuevo Testamento nos da testimonio de hombres y mujeres que fueron bautizados después de haberse arrepentido y creído, es pues extraño que aún con esta información alguien diga que puede ser salvo sin bautizarse, es extraño que alguien que ya ha oído, se ha arrepentido y ha creído y aun así no desee bautizarse.

Hch 22:16 Y ahora, ¿qué esperas? Levántate, bautízate y lávate de tus pecados, invocando su nombre.

La mejor decisión de nuestras vidas: Morir y volver a nacer (Jn 3:3-6)

Jesús Murió 1 Corintios 15:1-3	Jesús fue Sepultado 1 Corintios 15:4	Jesús Resucitó 1 Corintios 15:4
MUERTE **1** **ARREPENTIMIENTO**	**ENTIERRO** **2** **BAUTISMO**	**RESURRECCIÓN** **3** **ESPÍRITU SANTO**
Debemos "morir" Romanos 6:2	Debemos "Ser sepultados" Romanos 6:3-4	Debemos "Levantarnos" Romanos 6:4; 8:2

SESIÓN #7: "PLAN DE SALVACION"

(Arrepentimiento – Bautismo en agua – Llenura del Espíritu Santo)

1. Arrepentimiento:

Así que, arrepentíos y convertíos, para que sean borrados vuestros pecados... **(Hch 3:19)**.

Según el Diccionario Webster, arrepentirse significa: "dejar el pecado y dedicarse a la corrección de la vida de uno; sentir remordimiento o contrición; cambiar de actitud." La palabra griega es *metanoeo*, que significa literalmente "cambiar la actitud o el propósito de uno."

➤ "Os digo, No; antes si no os arrepentís, todos pereceréis igualmente **(Lucas 13:3)**.
➤ "Pedro les dijo, Arrepentíos..." **(Hch 2:38)**.

El arrepentimiento es el primer hecho de fe, e incluye varios elementos importantes:

➤ El reconocimiento del pecado,
➤ La confesión del pecado,
➤ La contrición por el pecado, y
➤ Una decisión de dejar el pecado.

En el Nuevo Testamento esta palabra siempre indica un cambio para lo mejor. El arrepentimiento es una transformación radical de mente, actitud, convicción y dirección. Es un hecho voluntario del hombre al responder a la llamada de Dios. Denota una vuelta activa y no solo un sentir de remordimiento, o una disculpa. Es más que una resolución o reforma moral; es una decisión espiritual y un cambio espiritual.

Antes que alguien puede arrepentirse del pecado, primeramente, debe comprender qué es un pecador:

☐ Jesús dijo No he venido a llamar a justos, sino a pecadores al arrepentimiento **(Mr 2:17)**.
☐ "No he venido a llamar a justos, sino a pecadores al arrepentimiento." **(Lc 5:32)**.

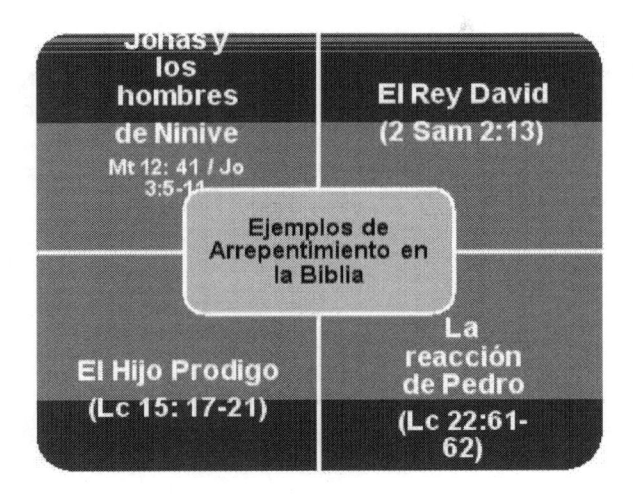

Ejemplos de Arrepentimiento en la Biblia:
- Jonás y los hombres de Nínive (Mt 12:41 / Jo 3:5-11)
- El Rey David (2 Sam 2:13)
- El Hijo Pródigo (Lc 15:17-21)
- La reacción de Pedro (Lc 22:61-62)

El verdadero arrepentimiento surge de la tristeza que es según Dios, la cual hará que una persona sienta remordimiento por sus pecados, que tome una decisión de cambiar su estilo pecaminoso de vivir, y que no sienta pena de haber hecho el cambio.

Fíjese que tan importante es el arrepentimiento, que cuando Juan el bautista fue llevado a prisión, Jesús le dio continuidad al mensaje de este... "desde entonces comenzó Jesús a predicar, y a decir: Arrepentíos porque el reino de los cielos se ha acercado" (**Mat 4:12-17**).

2. Bautismo en agua:

Y les dijo: Id por todo el mundo y predicad el evangelio a toda criatura. El que creyere y fuere bautizado, será salvo; más el que no creyere, será condenado (**Mr 16:15-16 /Mt 28:19**).

- ☐ El bautismo es no solamente importante, si no imprescindible para la salvación. Jesús así lo declaró en **Mr 16:16**. Este versículo sitúa al bautismo como uno de los puntos principales en el plan de salvación, eso sí, no es el único.
- ☐ **Mr 1:9** Jesús fue de Nazaret de Galilea hasta donde Juan estaba bautizando en el Jordán, para ser bautizado por este. Esto supone considerando el punto más cercano a Jerusalén (Mateo 16), desde el Jordán, un viaje alrededor de 116km. Si Jesús lo consideró tan importante (aunque él no lo necesitaba) **2 Cor 5:21**, ¿cómo hemos de considerarlo nosotros, sabiendo que

sí lo necesitamos? **(Mt 3:15-7)**.

La palabra bautizo viene del griego baptidzo que significa: sumergir. El proceso del bautismo consiste en sumergir y emerger. Este procedimiento se usó para describir el bautizo de Juan y el cristiano. Dicho de una manera más sencilla, es hundir totalmente un objeto en otra sustancia, y luego sacarlo.
Lo más asombroso del bautismo en agua es que simboliza la muerte y la resurrección de Jesucristo, y también nuestra identidad con Él.
Las Escrituras se refieren a Jesús como el postrer Adán **(1 Cor 15:21-22, 45)**. Jesús nos representó en Su sacrificio. Cuando una persona lo recibe como su Señor, ésta se identifica por completo con la obra de Cristo **(Rom 6:4-6)**.

El bautismo en agua también le da al creyente la oportunidad de testificar a otros de la experiencia de su nuevo nacimiento. Es una señal y un testimonio público de la gracia interna. El creyente ha sido crucificado, sepultado y resucitado juntamente con Cristo; a fin de gozar de una vida nueva **(Gal 2:20; Rom 6:4)**.
Jesús —el Cordero de Dios— se bautizó para cumplir todo lo que es justo ante Dios, pues Él no había cometido pecado **(Mt 3:15-17)**. Además, sirvió para demostrar y anunciar Su muerte, Su sepultura y Su resurrección.

A veces, la gente confunde el bautismo en agua con el bautismo de Cristo (ser salvo). Cuando Pedro predicó acerca de la muerte, la sepultura y la resurrección de Jesús, explicó: Arrepentíos, y bautícese cada uno de vosotros en el nombre de Jesucristo para perdón de los pecados; y recibiréis el don del Espíritu Santo **(Hch 2:38)**.

- ☐ Todos ustedes son hijos de Dios mediante la fe en Cristo Jesús, porque todos los que han sido bautizados en Cristo se han revestido de Cristo. **Gálatas 3:26-27 | NVI |**
- ☐ Por tanto, vayan y hagan discípulos de todas las naciones, bautizándolos en el nombre del Padre y del Hijo y del Espíritu Santo, enseñándoles a obedecer todo lo que les he mandado a ustedes. Y les aseguro que estaré con ustedes siempre, hasta el fin del mundo. **Mateo 28:19-20 | NVI |**
- ☐ La cual simboliza el bautismo que ahora los salva también a ustedes. El bautismo no consiste en la limpieza del cuerpo, sino en el compromiso de tener una buena conciencia delante de Dios. Esta salvación es posible por la resurrección de Jesucristo. **1 Pedro 3:21 | NVI |**
- ☐ —Arrepiéntase y bautícese cada uno de ustedes en el nombre de Jesucristo para perdón de sus pecados —les contestó Pedro—, y recibirán el don del Espíritu Santo. **Hechos 2:38 | NVI |**
- ☐ El que crea y sea bautizado será salvo, pero el que no crea será condenado. **Marcos 16:16 | NVI |**
- ☐ Yo te aseguro que quien no nazca de agua y del Espíritu, no puede entrar en el reino de Dios —respondió Jesús—. **Juan 3:5 | NVI |**

2.1- Bautismo en el Nombre de Jesús:

Todos los casos en la palabra de Dios, de personas que creyeron en Jesús después del día de Pentecostés están seguidos del bautismo en su nombre.
Veamos:

1. **Los 3,000 de Pentecostés**: "Así que los que recibieron su palabra fueron bautizados y se añadieron aquel día como 3000 personas". (Hch 2:41)
2. **Los Samaritanos:** "Pero cuando creyeron... se bautizaban hombres y mujeres". (Hch 8:12, 16)
3. **Simón el mago:** "También creyó Simón mismo, y habiéndose bautizado..." (Hch 8: 13)
4. **Pablo tras creer en Jesús:** "Y levantándose, fue bautizado". (Hch 9:18).
5. **Cornelio y su familia:** "Ellos recibieron el Espíritu Santo, e inmediatamente "mando bautizarles" en el nombre del Señor Jesús...". (Hch 10:48)
6. **Lidia de Tiatira:** "El Señor abrió el corazón de ella, para que estuviese atenta a lo que Pablo decía. Y cuando fue bautizada..." (Hch 16:14-15)
7. **El carcelero de Filipo:** "Ellos dijeron: cree en el Señor Jesucristo, y serás salvo tú y tu casa... y enseguida se bautizó él con todos los suyos..." (Hch 16:31-33).
8. **Los Efesios:** "Cuando oyeron esto, fueron bautizados en el nombre del Señor Jesús..." (Hch 19:5)
9. **Crispo y los Corintios:** "Y Crispo, el principal de la sinagoga, creyó en el Señor con toda su casa; y muchos de los Corintios, oyendo, creían y eran bautizados". (Hch 18:8)

¿No son todos los anteriores, testigos suficientes de la importancia del bautismo?

3. La llenura del Espíritu Santo
Joel 2:28 / Hch 2:1-4

La Terminología Bíblica en El Libro de Los Hechos describe el bautismo del Espíritu de muchas maneras: "llenos del Espíritu Santo" (2:4); "la promesa del Espíritu Santo" (2:33); "el don del Espíritu Santo" (2:38); "el Espíritu Santo cayó sobre todos" (10:44); "se derramase el don del Espíritu Santo" (10:45); "han recibido el Espíritu Santo" (10:47); y "vino sobre ellos el Espíritu Santo" (19:6).

Las epístolas explican que el Espíritu Santo mora en nosotros **(Rom 8:9)**. Todas estas frases simplemente identifican la misma experiencia neo testamentaria de diferentes maneras. Cuando Dios vierte Su Espíritu sobre la gente, el Espíritu viene sobre ellos, reciben el Espíritu, y están llenos del Espíritu. Cuando Dios da el Espíritu, El cumple su promesa y los hombres reciben el Espíritu.

Algunas de estas descripciones comparan el Espíritu Santo al agua, y Jesús describió al Espíritu como agua viva que saciaría la sed espiritual **(Jn 4:14; 7:38)**. Sin embargo, el Espíritu Santo no es actualmente un líquido, sino que es Dios mismo. La Biblia también asocia al Espíritu con el fuego **(Mt 3:11)** y el viento **(Jn 3:8)**, pero el Espíritu no es literalmente ni fuego, ni viento, ni agua. Repito: es Dios mismo.

Alégrese, Dios mismo en usted, morando en usted, cuidando de usted, dándole poder a usted.

El plan de salvación deseado de nuestro buen Dios para la humanidad, también incluye: vivir una vida en santidad (Heb 12: 14) y perseverar hasta el fin (Mat 10:22, 24:13 / Mar 13:13).

SESIÓN #8: LA NUEVA VIDA EN CRISTO
(Efe 4:17-32)

Las personas que han tenido la oportunidad de entrar en una sala de partos, al momento en que una nueva vida está naciendo, afirman que es una experiencia sin igual y que les cambia la vida, no vuelven a ser los mismos; por el simple hecho de presenciar que alguien nace.

Cuando venimos a ser testigos de la muerte de la vida pasada de alguien y el nuevo nacimiento al que se somete, somos parte de una felicidad inigualable.

Se requiere que todo el que ha pasado por el proceso de la salvación persevere hasta el fin en una vida en santidad y obediencia. Como se expresa en **Efe 5:11-33**
No debemos pensar que solo con el bautismo somos salvos, caeríamos en una doctrina falsa, al creer eso. Debemos de perseverar hasta el fin **(Mat 24:13)**.
Esta nueva vida debe reflejarse en todo acto y palabra del creyente.

Al ser perdonados, libres y transformados podemos ser victoriosos y nada nos podrá separar del amor de Dios (Rom 8:37-39).
La nueva vida en Cristo está diseñada para impactar otras vidas, es decir, dar testimonio de nuestro **Señor Jesucristo.**

Es importante ser llenos del Espíritu Santo para ser verdaderos testigos de Jesucristo (Hch 1:8), ya que él es quien nos capacita para triunfar sobre el pecado, las pruebas y las tentaciones, y ya no andar en las obras de la carne, sino que daremos el fruto del Espíritu Santo (Gal 5:22).

NOTAS PERSONALES SOBRE LA LECTURA Y EL ESTUDIO DE EFESIOS 4:17-32)

_____
_____
_____

FRANCIS LEE

PASO II
Congregarse
(Sal 122:1)

CONTENIDO
PASO II

| Sesión 1: El lugar | Página 26 |

de reunión	
Sesión 2: La organización de la iglesia local	**Página 28**
Sesión 3: El culto	**Página 30**
Sesión 4: Congregarnos es de vital importancia	**Página 32**
Sesión 5: La oración	**Página 34**
Sesión 6: La alabanza	**Página 37**
Sesión 7: Expresiones comúnmente usadas	**Página 39**

¡Qué alegría cuando me dicen: "Vamos al templo del Señor"! (Salmo 122:1)

Con las sesiones del "Paso 1: Escogido", le enseñamos a las personas que todos somos escogidos de parte de Dios para brindarnos una nueva vida y que el deseo de él es únicamente vernos bien.

Hablamos de la existencia de UN Dios único y verdadero, de sus cualidades y atributos únicos y exclusivos de él. En que ese Dios nos ama tanto y está tan interesado en la humanidad que él se manifestó en carne y vino a buscar y salvar lo que se había perdido.

Les enseñamos que somos importantes para nuestro buen Dios y que él desde el inicio tiene un plan de salvación para nosotros.

A partir de ahora será importante el seguimiento que se le dé a estas personas; ya que muchos de ellos no se sentirán aun atraídos a un culto dentro de la iglesia, quizás aún vean las cosas con ojos naturales y no espirituales y prefieran quedarse recibiendo el estudio bíblico en sus casas.

Es de nuestra parte el motivar para atraerlos al lugar de comunión, en donde todos llegamos con un mismo objetivo de alabar, adorar, mostrar agradecimiento y traer nuestras peticiones. Les explicamos todo eso con el fin que se conviertan en fieles asistentes a la Iglesia.

Debemos de botar mitos de creencias que no son verdaderas, explicar con paciencia, mansedumbre y amor, temas como: El lugar de reunión, la oración, la adoración y alabanza, el orden y días de culto entre otros, el gobierno de la iglesia, cómo hacemos todo en armonía, etc.

Pretendemos obtener muchas visitas al templo, para lo cual será necesario que todos hagamos una función importante (mostrar el amor de Jesús viviendo en nosotros a ellos) todo con el interés que estas visitas regresen y quieran tener el mismo tipo de vida que el Señor Jesucristo nos ha dado a nosotros.

Es necesario que la iglesia local tenga capacitados y adiestrados a los ujieres, al ministerio de bienvenida y al liderazgo en general a desempeñar un buen papel, a dar una buena imagen. Queremos hacer sentir a las personas que este es un lugar de restauración, de nuevas oportunidades; es decir, de una nueva vida...

SESIÓN #1: EL LUGAR DE REUNIÓN
(Sal 122:1)

Las palabras templo, iglesia, sinagoga, lugar de reunión. En su significado gramatical es:

- **Templo:** El término (del latín templum) designa un edificio sagrado.
- **Iglesia:** La palabra iglesia proviene de la voz griega ἐκκλησία (transliterado como ekklēsía) vía el latín ecclesia. Denota una asamblea o reunión de ciudadanos congregados en razón de una convocatoria pública (generalmente el llamado de un mensajero oficial o heraldo), para asuntos usualmente de orden político, y se entiende de esta manera en pasajes bíblicos como el de Hechos de los Apóstoles.
- **Sinagoga:** La sinagoga es el lugar donde se reúnen los fieles judíos, así como el lugar de culto y estudios de la más antigua de las religiones monoteístas. Como se trata de un sitio de reunión, diálogo e interpretación, la sinagoga es conocida en hebreo como Beit ha-Kneset, expresión que significa 'Casa de asamblea'. Se desconoce con exactitud la fecha, pero pueden haber tenido lugar luego de la destrucción del primer Templo de Jerusalén (587 A.C.) y durante el cautiverio judío en Babilonia (586-537 A.C.). El número de sinagogas creció al establecerse la lectura pública de la Torá. En el año 70, en el momento de ser sitiada y destruida por las legiones de Tito, Jerusalén contaba con unas 400 sinagogas. **Estas casas de asamblea no eran edificios especialmente construidos para el culto**; un simple local hacía las veces de lugar de reunión, pero también existían grandes edificios para este fin.

(Datos tomados de Wikipedia)

El ser humano como tal, siempre ha encontrado la forma de llenar ese vacío de la convivencia con otros. Lugares de reunión en los cuales las personas se sientan aceptadas, bienvenidas, bien recibidas han existido desde los principios de la vida.

Las reuniones en las casas y los hogares de los padres dando lecciones de vida a sus hijos, como las reuniones familiares para festejar algo, reuniones de estudiantes para llegar a hacer algo de sus estudios, de negocios para concluir en hacer mejor el trabajo, etc. La sociedad misma se reúne en ciertos lugares o puntos de encuentro en donde ellos sientan que sus metas, objetivos, formas de vida y de pensar son relativamente iguales en cada uno de los presentes.

Aunque la palabra **Iglesia** la usamos en algunas ocasiones para referirnos a una edificación o construcción religiosa, también la Biblia nos muestra que iglesia es: La iglesia es el Cuerpo de Cristo – todos aquellos que han depositado su fe en Jesucristo para salvación (Jn 3:16; 1 Cor 12:13). Hay miembros de la iglesia universal en las iglesias locales. La iglesia local es donde los miembros de la iglesia universal pueden aplicar plenamente los principios del "cuerpo" de 1 Cor 12: alentándose, enseñándose y edificándose unos a otros en el conocimiento y la gracia del Señor Jesucristo.

La iglesia inicio operaciones en el primer siglo, por el año: 33 D.C. Cuando Pedro dio su primer discurso sobre la fe en Jesús, en el cual dio el plan de **salvación (Arrepentimiento, bautizo en agua y llenura del Espíritu Santo, según Hch 2:38)**, muchos de los creyentes de todas partes que habían llegado a celebrar la fiesta de: **las cosechas/primicias/pentecostés**, fueron compungidos de corazón por medio de las palabras de Pedro, de los cuales creyeron y se bautizaron como 3,000 ese mismo día **(Hch 2: 14-42)**.

El Señor Jesús le dijo a Pedro: y sobre esta roca edificaré mi iglesia **(Mt 16:18)**, la cual es precisamente eso: <u>**pertenencia de Él**</u>. A este grupo de creyentes se les llamó por primera vez **"cristianos"** en la ciudad de Antioquia **(Hch 11:26)**. Los cristianos también somos conocidos como: santos, creyentes, elegidos, cuerpo de Cristo, testigos, embajadores, familia de la fe e hijos de Dios.

Cristo (del griego antiguo Χριστός, Christós, y este a su vez del hebreo מָשִׁיחַ, Māšîaḥ [mashiach], 'el Mesías', que significa 'ungido de Dios'), es el título que en el cristianismo se le da a Jesús de Nazaret (Belén, 3 o 4 A. C. - Jerusalén, 29 o 30 D.C.).

Los seguidores de Jesús son conocidos como "cristianos" porque ellos creen y confiesan que Jesús es el Mesías profetizado en el Antiguo Testamento, por lo cual le llamaban "Jesús Cristo", que quiere decir, «Jesús, el Mesías» (en hebreo: Yeshua Ha'Mashiach), o bien, en su uso recíproco: Cristo Jesús: "El Mesías Jesús".

Acontinuación, parte de los propósitos por los cuales el Señor ha edificado su iglesia:
- Ser el cuerpo de Cristo: Efe 1: 23.
- Edificio de Dios: 1 Cor 3: 9.
- Pámpanos: Jn 15: 5
- Familia: Efe 3: 14 - 15
- Ovejas del pastor: Jn 10: 11.
- Sacerdocio real: 1 Ped 2: 9.

- Piedras vivas: 1 Ped 2: 1- 3.
- Embajadora de Dios: 2 Cor 5: 19- 20.
- Sal de la tierra: Mt 5: 13.
- Novia de Cristo: 2 Cor 11: 2- 3.

En muchas oportunidades los creyentes, cristianos o la iglesia misma se les conoce como **templo de Dios** (1 de Cor 6:19/ 3:16-17), la palabra templo también se emplea para identificar el lugar de reunión o de congregación.

Las personas que hemos sido escogidos de parte del Señor debemos tener un lugar de reunión donde se le de adoración, culto y alabanza al único y sabio Dios; lugar en el cual también se lea y se enseñe su santa palabra. Nadie puede llamarse hijo de Dios, parte de la familia de Cristo, o hijo de Él y no tener un sitio donde congregarse, nuestro buen Dios siempre ha querido tener una comunicación íntima con cada uno de nosotros, para lo cual, desde Moisés ha dado instrucciones para tener un lugar de reunión de todos aquellos que creemos en el Dios vivo.

Ejemplos:
- **El Tabernáculo**: Exo 29:42,45.
- **El templo de Salomón:** 2 Cro 7: 11-16
- **Sinagogas:** Mt 4:23
- **El cuerpo de Jesús:** Jn 14:10-11
- **Iglesias:** Hch 2:44-47
- **El corazón del ser humano:** 1 Cor 3: 16, 1 Cor 6:19, 2 Cor 6: 16

Todos los que hemos venido a ser redimidos y ahora por consiguiente somos nuevas criaturas, debemos de mostrar agradecimiento; y la mejor forma de hacerlo es: tener un lugar, un punto de reunión en donde todos los que hemos recibido los mismos beneficios de ese Dios amoroso estemos en armonía para alabarle, adorarle y honrarle a él. (Leer Salmo 133).

SESIÓN #2: LA ORGANIZACIÓN DE LA IGLESIA LOCAL

(1 Cor 4:2)

Todo lugar de reunión es necesario que esté organizado y bien administrado, para que el Señor nos halle haciendo, así como él nos pide que hagamos. Administrando las almas, las actividades, las finanzas, el culto y la confraternidad dentro de la familia de Dios.

La iglesia o grupo de personas (cristianos) llegan a organizarse para el buen orden de todos sus miembros. De hecho, el Señor Jesús llamó, capacitó y delegó a los discípulos al crecimiento y expansión del evangelio; el apóstol Pedro en su primer discurso, continuó por medio del poder del Espíritu Santo, dicha comisión dada por el Señor (Mat 28: 19-20) y en ese mismo día fueron añadidas como tres mil personas, lo cual trajo la consecuencia de: pasar de 120 personas en el Aposento Alto a 3,120 personas, a quienes había que administrar, formar una logística, un orden y por supuesto, el desarrollo de como a partir de aquí ellos irían a ser y hacer la iglesia del Señor Jesús.

Por todo lo anterior, hoy en día debemos de contar con buena planeación, organización, dirección y control que nos ayude a cubrir con excelencia las necesidades en la iglesia, la Biblia nos habla de hacer esa planificación **Lc 14:28-32**.

Cada iglesia tiene:

Junta local o consistorio, Departamento de hombres, Damas, jóvenes; Escuela Dominical, Evangelismo, Grupos célulares, Departamento de alabanza.

De los departamentos anteriores surgen otros; como por ejemplo: ministerio de estudios biblicos, escuela de líderes, ministerio para matrimonios, ministerio de bienvenida, servicio en el área de recepción, ministerio del buen samaritano, el ministerio de la cocina; ministerio de seguimiento, discipulado; etc.

> *El Pastor: teniendo él como principal función la de dedicarse al ministerio de la palabra de Dios y la oración. Él es el líder principal y el guía del pueblo de Dios en el lugar en el que se están congregando. (Hch 6:4)*

De esta manera, según el tamaño y necesidades de la congregación se instalarían más directivas o comités; los cuales hacen un plan de trabajo incluyendo programas, reuniones, y otros para el cumplimiento de sus objetivos. Otros pueden ser: Misiones, Radio, Bienvenida, Ujieres, Diáconos, etc.

Cada persona que anhele participar en uno de los grupos o comités lógicamente deberá cumplir algunos requisitos espirituales:

- Bautizado en agua (Hc 2:38, Mat 28:19)
- Buen Testimonio
- Lleno del Espíritu Santo (Hc 2:1-4)
- Tiempo asistiendo
- Sujeto y dispuesto a servir a otros

La iglesia como tal tenemos una programación de reuniones o cultos, organizados comúnmente, sin ser la norma obligatoria, así:

Culto de oración	Milagros
De enseñanza	Misiones
De Damas	Día del amigo
De Hombres	Grupos o Células
De jóvenes, niños, Escuela Dominical	Confraternidades

Todos los cultos son para todas las personas que deseen congregarse con nosotros, estos no son exclusivos del pueblo de Dios, al culto pueden venir todos los que deseen; y aunque en un inicio quizás las personas no conozcan de Dios, éste mismo enseñará por medio de su palabra y almas nuevas se arrepentirán y tomarán la decisión de entregar su vida a Jesús.

Así mismo los cultos, aunque si son desarrollados por cada departamento, no significa que son exclusivos solo para los que forman dicho departamento, sino que es para todos. Patrocinado por el departamento, pero con invitación y abierto a todos.

Algunos de ellos, como el culto pentecostal o evangelístico es el que se desarrolla casi siempre el día domingo, el cual es desarrollado u organizado por el Pastor y/o los diáconos.

SESIÓN #3: EL CULTO
(Jn 4:21-24).

Desde los escritos del Génesis se nos habla de la adoración y reverencia, de darle la gloria y la honra al creador de los cielos, la tierra, el mar y todo lo que habita en ello. El hombre, que reconoce la sabiduría, amor y poder del todo poderoso, sabe que no tiene nada que poder darle; ya que Dios lo posee todo.

Eso ha llevado a la necesidad de entregarle algo, de decir las palabras más bellas e inspiradas para demostrar lo que el hombre siente por Dios, de traer a su presencia regalos en especie de sacrificios, ofrendas de diferente índole, pero llegando al punto de percatarse que en verdad no hay algo más grato que poder ofrecerle como nuestro corazón.

Culto: Como sustantivo, es una forma de mostrar devoción, respeto o veneración hacia alguien o hacia algo que se considera divino. En las religiones, el culto comprende una serie de ritos, manifestaciones y celebraciones religiosas como forma de homenaje a una divinidad, una persona o un objeto con características divinas o sagradas (como un santo o una reliquia). Un culto religioso puede incluir oraciones y plegarias, sacrificios como el ayuno. A nivel personal, el culto religioso sirve a una persona para manifestar y relacionarse con la deidad. A nivel social, el culto religioso se relaciona con la idea de comunidad y de crear y fortalecer la idea de grupo.

Según la Real Academia de la lengua española el significado de "Culto" es: Honor que se tributa religiosamente a lo que se considera divino o sagrado.

Algo de Historia:
Al volver del cautiverio en Babilonia, los judíos se dan a la restauración de la ciudad de Jerusalén. Se atribuye la reconstrucción del templo a Zorobabel y a Josué, los muros a Nehemías, pero la restauración del culto y la práctica de la ley a Esdras, llamado por algunos "el segundo Moisés". La tradición judía dice que conocía de memoria la ley de Moisés, ocupó el lugar de sumo sacerdote y tenía sobre él la autoridad religiosa y civil por orden del rey persa Artajerjes.
(Leer Nehemías 8:1-3).

Esta restauración del culto al único y sabio Dios vino a través de la lectura y estudio del libro de la ley de la siguiente manera: **(Neh 8:2-6 RVR60)**
   1- "desde el alba hasta el mediodía": **V. 2-3** (durante 5 o 6 horas).

2- "sobre un pulpito de madera": **V. 4**, nos habla de valoración, prioridad.
3- "estaban atentos": **V. 5** destaca la reverencia, y compromiso.
4- "se humillaron y adoraron": **V. 6** y es que cuando Dios nos habla nuestro corazón se postra ante su amor y grandeza

En los deberes cristianos que el apóstol Pablo sugiere a los hermanos en Roma, está el de presentar nuestros cuerpos como sacrificio vivo, santo, agradable a Dios, que es vuestro culto racional (**Rom 12:1**).
El culto es el reverente y amoroso homenaje que el hombre tributa a Dios y también se conoce con este término al conjunto de actos y ceremonias con que se le tributa homenaje. Por otra parte, la reverencia es el respeto y obediencia que tenemos hacia Dios.

Los antecedentes que tenemos del culto del hombre a Dios, lo encontramos en:

a. **Gen 4:3-4** acerca de las ofrendas ofrecidas a Dios por Caín y Abel
b. **Gen 4:26** los hijos de Seth.
c. Luego en **Ex 20:8-11** (el cuarto mandamiento), encontramos la enseñanza de que, a semejanza de Dios, debemos usar seis días para trabajar y uno para dedicarlo a Dios (en ese día habrá culto), que, conforme al Nuevo Testamento, debe ser el primer día de la semana, pues en ese día resucitó Jesús, que vino a hacer nuevas todas las cosas (**Mr 16:9, Hch 20:7, 1ª. Cor 16:2**).

Las palabras del **Salmo 95:1-7** reflejan cuál debe ser nuestra actitud en el culto a nuestro Dios:
Venid, aclamemos, lleguemos a su presencia, adoremos, postrémonos, arrodillémonos, porque él es nuestro Dios
Bajo el Antiguo Testamento, los adoradores no podían entrar en el santuario, sólo al patio exterior. El sumo sacerdote entraba una vez al año y con sangre; atravesaba el velo. Hoy, todo ha cambiado, la redención ha sido cumplida una sola vez y para siempre (**Heb 10:10-14**); ahora el velo ha sido rasgado de arriba abajo para que podamos entrar a adorar la presencia de Dios

En **Jn 4:23, 24** el anuncio de Jesús cuando dice "La hora viene y ahora es"; cuando invita a que se le tribute una adoración espiritual y verdadera (no emocional o fingida ni superficial), pues Dios es Espíritu. Los que son espirituales le dan adoración. Dios es el único que la merece.

Si lo miramos desde el Nuevo Testamento hasta hoy, Pablo en **Rom 12:1** amplía ese culto llevando primero un programa de vida espiritual, acerca de cómo debemos portarnos y presentarnos de una manera personal con Dios. En **1 Tim 3:14-15** le da instrucciones a su hijo en la fe, para que sepa cómo comportarse en la casa de Dios.

Detalle del desarrollo y organización del culto:
- **Cantos, himnos y coros**: Efe 5:19 / Sal 95:96 / Isa 43:21
- **Lectura Bíblica:** 2 Tim 3:16 / Mat 4:4
- **Las oraciones**: Mat 6:5-13
- **La ofrenda:** 1 Cro 29:13-14 / 2 Cor 9:7-12
- **Diezmos:** Lev 27:30 / Mal 3:10 / 2 Cro 31:5 / 2 Cor 9:7
- **Testimonios:** 1 Jn 1:3
- **Lenguas:** hablar e interpretación. Rom 12: 10-11.
- **Bautizos:** es necesario para ser parte de la familia de Dios. Mat 28:19 / Hch 2:38-42
- **La predicación, sermón, enseñanza o meditación Bíblica:** Heb 4:12

Al tener disposición en nuestro corazón el hacer culto u homenaje a Dios, llegaremos a experimentar la paz que sobre pasa todo entendimiento y la bendición de lo alto para nuestras vidas.

SESIÓN #4
Congregarnos es de vital importancia
(Heb 10:25)

El haber estudiado todo lo anterior, nos lleva a concientizarnos de la importancia de congregarnos (**Salmo 27:4**), no es posible que alguien que ha creído en el Señor Jesucristo se aísle, es de vital importancia que seamos uno con él

Ningún grupo social llega a tener éxito sin reunirse, sin llegar a un lugar juntos y conversar de los intereses mutuos, todo lo anterior trae comunión, armonía, beneficia a todos; y es que en definitiva nunca será mejor estar solo (aislado) que estar con los que pensamos y sentimos lo mismo.

La constancia, convicción, determinación a mantenerse fiel es la base principal de la vida cristiana y también de todo grupo que desea mantenerse unido y lograr éxito. La iglesia primitiva siempre fue perseverante y con determinación para lograr lo que se proponía, a pesar de todas las adversidades y oposición que tuvo que enfrentar.

- Siempre pensaron, sintieron lo mismo, sus metas y planes eran los mismos, unidos. (**Hch 2: 42**).
- Más el que perseverare hasta el fin, éste será salvo (**Mat 24:13**).
- El hombre de doble ánimo es inconstante en todos sus caminos. (**Stgo 1:8**).
- Pero nosotros no somos de los que retroceden para perdición, sino de los que tienen fe para preservación del alma. (**Heb 10:39**)
- La asistencia a los cultos debe hacerse con perseverancia *no dejando de congregarnos, como algunos tienen por costumbre, sino exhortándonos; y tanto más, cuanto veis*

que aquel día se acerca. (**Heb 10:25**)

*Hay beneficios para todos aquellos que nos congregarnos:

1. Crecimiento Espiritual: Oseas 4:6 / Nehemías 8: 1-6

Conocimiento es poder. **Ósea 4:6, dice claramente el motivo por el cual el pueblo de Dios, ese pueblo escogido terminó siendo cautivo y destruido. Por falta de conocimiento.**

Cuando usted tiene conocimiento no es destruido, no es engañado, no es atraído por los placeres que el mundo ofrece, por medio del conocimiento de la palabra de Dios, usted se mantiene firme ante cualquier acechanza del enemigo.

2. Armonía y comunión entre hermanos: Salmos 133, 134

3. Para tener un encuentro con Dios:

... porque donde están dos o tres congregados en mi nombre, allí estoy yo en medio de ellos. Mat 18:20.

4. Administración de la iglesia:

Somos mayordomos del Señor y debemos de ser buenos administradores de lo que Él, nos ha confiado. Mat 25: 20-21, Luc 12: 42-46, 1 Cor 4: 2

DISCIPULADO "PASO A PASO"

- Administración de la Iglesia
- Encuentro con Dios
- Armonia y Comunion Entre Hermanos
- Crecimiento Espíritual

Recuerde que el asistir será siempre una bendición, habrá cultos donde usted salga animado, decidido, confiado, fortalecido, sano, motivado, feliz, cambiado, lleno de paz, por esta y otras razones encontrará tropiezos que el enemigo coloca para que no se congregue. Debe obrar con sabiduría y no quedarse pues se perderá de una gran bendición.

*Recomendaciones:

1. Puntualidad. **Sal 26:8**
2. Acercarse al altar. **Ec. 5:1**

3. Orar, **Efe 6:18**.
4. La participación en el culto por medio de la alabanza, adoración y atención a la palabra de Dios. **Col 3:16**.
5. Es un compromiso personal, nada ni nadie es más importante que la asistencia en el culto. Invite a otros, no se vaya donde ellos dicen, tráigalos usted al culto.
6. La ropa no debe de ser una limitante para asistir, es Dios quien cambiará su manera de vestir y no los hombres; pero en la medida de la posible es de ir lo mejor presentable a Dios.
7. El tiempo para Dios no es perderlo sino invertido en su vida y futuro.
8. Ponga sus ojos en Jesús. (**Heb 12:2**) Él es el único perfecto.

* Recomendaciones tomadas del libro: "De simpatizante a asistente" de la IPUC

SESIÓN #5:
La Oración

Con fragmentos del libro: Santidad Practica. Dr. David K Bernard

Hoy en día el mundo se ha vuelto cada vez más y más cercano. Los países y continentes ya no parecen muy lejos, las comunicaciones cada vez están poniendo a las personas más cerca.

Al estar consciente de la importancia de congregarnos es necesario hablar de un medio de comunicación con Dios como es la oración, algo indispensable para nuestra vida Espiritual. Cada persona debe aprender a comunicarse con Dios.
La oración es: Conjunto de enunciados con que el creyente se dirige a Dios, a una divinidad, a un santo, etc., especialmente la que tiene una forma fija y establecida. Diálogo, comunicación de nuestros pensamientos, sentimientos y deseos a Dios; también es el momento en el cual Dios mismo nos habla, nos da respuestas y mandamientos a seguir.

Nuestro Señor Jesucristo nos enseñó el modelo de oración para que nosotros lo pudiéramos hacer de una manera efectiva. Él no quería que estuviéramos haciendo vanas repeticiones, como lo hacían los fariseos. Tampoco quería que fuéramos ostentosos a la hora de hacerlo. Él quería que nosotros tuviéramos una comunicación con el Padre, así como Él la había tenido. Él nos dio su ejemplo. Así que ahora veremos cómo orar, y las partes de que está compuesta la oración.

Mateo 6:8 "No os hagáis, pues, semejantes a ellos; porque vuestro Padre sabe de qué cosas tenéis necesidad, antes que vosotros le pidáis."

(Mate 6:9-15) La Oración debe de tener:

Adoración	Confesión	Petición	La petición debe incluir:
• Padre Nuestro que estás en los cielos, santificado sea tu nombre... porque tuyo es el reino, y el poder y la gloria, por todos los siglos...	• "Y perdónanos nuestras deudas, como también nosotros perdonamos a nuestros deudores"	• "El pan nuestro de cada día, dánoslo hoy"	• En el nombre de nuestro Señor Jesús (Mat 14:13) • Por la voluntad de Dios (1 Juan 5:14) • Con fe, no dudando nada (Stgo 1: 6-7)

¿Qué debe de tener una oración?
Mateo 6:9-13 La oración debe de tener 3 elementos claves que nos enseña el mismo Señor Jesús.

1- Debe de tener Adoración:
"Padre nuestro que estás en los cielos, santificado sea tu nombre... porque tuyo es el reino, y el poder, y la gloria, por todos los siglos. Amén."

Como vemos el Señor Jesús le está dando el poder, la gloria, el honor y la honra al Padre celestial. Pues lo mismo tenemos que hacer nosotros, pues Dios es el Todopoderoso, El Eterno.

Cuando el corazón del Rey David estaba lleno de culpa por su pecado con Betsabé (2 Samuel 11), se dio cuenta de que no podía adorar. Sentía que Dios estaba lejos de él, y "gemía todo el día," sintiendo que la mano de Dios se agravaba sobre él (Salmo 32:3, 4). Pero cuando confesó su pecado, la comunión con Dios fue restaurada y le brotaban la adoración y la alabanza.

El Rey David, comprendió que "los sacrificios de Dios son el espíritu quebrantado; el corazón contrito y humillado" (Salmo 51:17). La alabanza y la adoración a Dios no pueden provenir de corazones llenos de pecados inconfesos.

2- Confesión:
"Y perdónanos nuestras deudas, como también nosotros perdonamos a nuestros deudores"

Como vemos en esta parte estamos confesando que somos pecadores, y que estamos dispuestos a perdonar también a los que nos han ofendido para que el Señor pueda ver nuestra oración con olor fragante y pueda escuchar nuestras peticiones.

¿Por qué hacerlo?
Muchos de nosotros tenemos problemas con el concepto del pecado. Es difícil aceptar que hasta cuando tratamos de ser buenos, existen áreas de nuestra vida que permanecen pecaminosas. Podemos todavía abrigar lujuria, o decir mentiras, o hacerles comentarios hirientes a otros. Aunque es duro aceptar nuestros errores, todavía puede ser más duro el confesarlos - hasta privadamente, en oración con Dios. Sin embargo, eso es claramente lo que Dios requiere:

> *"Si confesamos nuestros pecados, Él es fiel y justo para perdonar nuestros pecados y limpiarnos de toda maldad." (1 Juan 1:9).*

3- Petición:
"El pan nuestro de cada día, dánoslo hoy"

Dios sabe de qué cosas tenemos necesidad, no es necesario pedirle mucho, Él no nos concederá lo que no nos conviene, pero como ya sabe lo que necesitamos eso nos dará.

¿Qué más debe de incluir nuestra oración?

☐ **Que sea en el nombre de nuestro Señor Jesús:**
Mateo 14:13 Y todo lo que pidiereis al Padre en mi nombre, lo haré, para que el Padre sea glorificado en el Hijo.

☐ **Por la voluntad de Dios:**
1 Juan 5:14 Y esta es la confianza que tenemos en él, que, si pedimos alguna cosa conforme a su voluntad, él nos oye.

☐ **Con fe no dudando nada:**
Santiago 1:6-7 Pero pida con fe, no dudando nada...

Nuestras oraciones deben ser dirigidas a Dios y según la Biblia tres veces al día (**Sal 55:17**) "Tarde y mañana y a medio día oraré y clamaré, y Él oirá mi voz" (**Daniel 16:10**).

A. Los judíos usaban las siguientes horas:
➤ La tercera, es decir las 9 a.m. (Hechos 2:15)
➤ La sexta 12 m (Hechos 10:9)
➤ La novena 3 p.m. (Hechos 3:1).

B. La posición usual al orar era de pie, aunque también sé hacia:
➤ Inclinándose de rodillas, podía señalar una mejor devoción (**Hch 7:60**) (**Sal 95:6**) (**2 Cro 6:13**)
➤ Las manos eran extendidas hacia Dios, esta postura podrá cansar cuando se prolonga.
(**1 Rey 8:22**) (**Sal 28:2**).
➤ Como señal de humillación en ocasiones oraban con el rostro en tierra (**Neh 8:6; Sal 95:6**).

Debemos recordar que existen algunos sitios donde tendremos la libertad de orar arrodillados o postrados; en cambio hay otros que no lo permiten que incluso nuestra oración es solo en nuestra mente, la actitud del espíritu del que ora es más importante.

C. Hay textos bíblicos que nos llaman a orar:
➤ 1 Cro 16:11. Mateo 7:7. Mateo 26:41.
➤ Lucas 18:1. Efesios 6:18. 1 Tesalonicenses 5:17.

Jesús dijo:
☐ **Juan 14: 13** y todo lo que pidiereis al Padre en mi nombre, lo haré, para que el Padre sea glorificado...
☐ **Mateo 21: 22** y todo lo que pidiereis en oración, creyendo, lo recibiréis

SESIÓN #6:
La Alabanza y Adoración
(Salmos 100, 150)

¿Admira y aprecia usted a personas, objetos, logros de alguien?; eso podría ser que usted está alabando a ese alguien.

Tenemos el privilegio de lo que dice el Salmista en el capítulo **103:1** Bendice, alma mía, a Jehová, y bendiga todo mi ser su santo nombre, privilegio de poder bendecir a nuestro Dios y creador, (**Sal 34:1-3**.) a través de nuestra Alabanza.

La alabanza es una expresión de admiración y aprecio. Proviene del término exaltar, o expresar a Dios honra. Se alaba a Dios por lo que es, exaltando sus virtudes (1 Ped 2:9).

- **Alabar:** Decir cosas favorables de una persona o de una cosa, resaltando sus cualidades o méritos.
- **Alabar a Dios es:** glorificarlo, exaltarlo y admirarlo (Sal 63:3-4) especialmente en himnos y cánticos (2 Cro 7:6; Sal 28:7; 95:1; 150).

El pueblo de Israel entonó su primer cántico de alabanza, cuando cruzaron el mar rojo, dando gracias a Dios (Éxodo 15), dicho cantico citado por Juan en el libro del apocalipsis capítulo 15: 3. La alabanza dada a nuestro Dios, debe ser espontánea, natural, no se aprende, debe salir de lo profundo del corazón como producto de mi exaltación y agradecimiento a Dios.

Cuando la vida está llena de alabanza; esta alimentará nuestra devoción y nuestra fiel obediencia y tendremos gozo constante, alabando al Señor no en una forma fanática ni ritualista, sino que está se observará en una vida llena de poder y fidelidad.

En la Biblia encontramos que la alabanza es un mandato (Isaías 43:21), es un deber, es un sentir (Lucas 24:53) no importando la situación. Debemos alabar a Dios desde lo profundo de nuestro corazón "... alabando al Señor en nuestros corazones". (Efesios 5:19).

Alabamos a Dios con:

- **Nuestros labios o boca** cuando cantamos (Sal 40:3.

51:15.) cuando decimos palabras de exaltación (salmos 103:1) cuando aclamamos en alta voz (Sal 47:1, 2º Crónicas 20:19).
- **Nuestras manos** cuando las levantamos (Sal 63:4. 134:2), cuando damos plausos (Sal 47. versión Dios Habla Hoy. ¡Aplaudan, pueblos todos! ¡Aclamen a Dios con gritos de alegría!) Tocando instrumentos musicales (Sal 150).
- **Nuestros cuerpos** cuando estamos en pie o de rodillas e inclinados (Sal 95)
- **Nuestra vida** cuando damos buen testimonio hacemos que las personas que están alrededor glorifiquen y exaltan a Dios.

Sea cual sea la forma que usted escoja para alabar a Dios, siempre que sea de una manera espontánea, en agradecimiento y que provenga del corazón; será bien recibida y tendrá su recompensa.

"Adoración"
(Mat 4:10)

Anteriormente aprendimos que la Alabanza es una expresión de exaltación, admiración y aprecio; <u>la adoración por su parte es una expresión de amor y temor</u> (Respetar en sumo grado a alguien por su santidad, dignidad o por lo que representa) se adora a Dios por lo que es.

- ☐ **Adoración:** El reconocimiento "directo de Dios, de su naturaleza, atributos y caminos.
- ☐ **Adoración es**: la actitud o la intención interna del corazón del hombre para Dios, implica la obediencia, el servicio, la rendición, el amor, etc. Es decir, implica una forma de vida que permite tener comunión con el Espíritu Santo (Juan 4:24).

Es posible exaltar y admirar a alguien por lo que hace, sin sentir amor hacia tal persona. De igual manera, puede ser con Dios pues muchos le alaban por lo que hace (sanidad, un milagro) pero no le aman y esto lo demuestran con sus hechos. Por eso la verdadera adoración es cuando entregamos a Dios todo nuestro corazón y vida a él, adoración encierra todos los aspectos de nuestra vida. No es un momento, Dios está buscando adoradores, no momentos de adoración.

> Pero la hora viene, y ahora es, cuando los verdaderos adoradores adorarán al Padre en espíritu y en verdad, porque también el Padre tales adoradores busca que lo adoren. Dios es Espíritu, y los que lo adoran, en espíritu y en verdad es necesario que lo adoren.
>
> **Juan 4:23-24.**

Un hombre adora a Dios en espíritu cuando influenciado por el Espíritu Santo rinde todas sus emociones, apetitos y deseos a los pies o voluntad de Dios.

Un hombre adora en verdad cuando cada objetivo o meta, cada exaltación o representación de su adoración íntima es dirigida y organizada por la Biblia o palabra de Dios.

Adoramos a Dios:

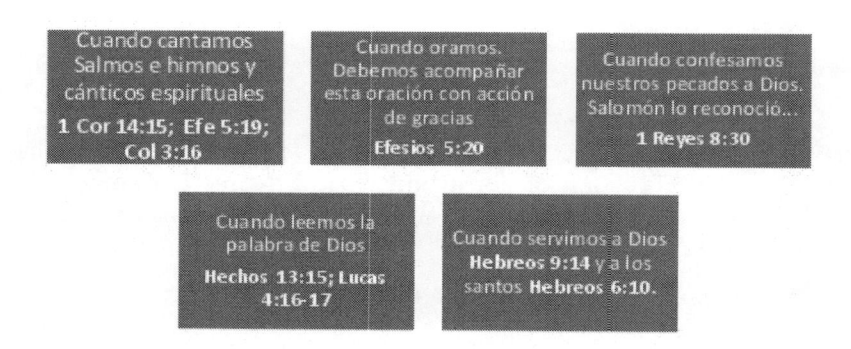

- Cuando cantamos Salmos e himnos y cánticos espirituales
  1 Cor 14:15; Efe 5:19; Col 3:16

- Cuando oramos. Debemos acompañar esta oración con acción de gracias
  Efesios 5:20

- Cuando confesamos nuestros pecados a Dios. Salomón lo reconoció...
  1 Reyes 8:30

- Cuando leemos la palabra de Dios
  Hechos 13:15; Lucas 4:16-17

- Cuando servimos a Dios **Hebreos 9:14** y a los santos **Hebreos 6:10**.

La adoración se manifiesta en el hombre; este da adoración a Dios, por lo que Dios es y no por lo que recibe de parte de Dios. En este hombre hay de continuo, alabanza y adoración al creador de él.

SESIÓN #7:
"Expresiones comúnmente usadas"

En las diferentes partes de cada país, hay expresiones que son netamente de ese lugar y no son usadas ni utilizadas en otro lugar; o por consiguiente, la misma expresión tiene un significado distinto en cada lugar.

A través de las lecciones hemos aclarado algunas inquietudes del culto y de cómo lo hacemos y de esta manera, las personas que estamos ganando para Cristo puedan congregarse con nosotros.

Es importante aclarar algunos términos, palabras y expresiones que usamos dentro del culto y que pueden a llegar parecer extraños a los nuevos creyentes:

- **Aleluya:** La palabra Halleluyah (← Halləluya, Halləlûyāh(románico) ← halaluiah(latín) ← הַלְלוּיָהּ(hebreo), '¡Alabad a Yah!» <Traducción completa: «¡Alabad a Yahveh!»>.

  Es una exclamación bíblica de júbilo, muy común en las Sagradas Escrituras, que se adoptó para su uso en el judaísmo y en el cristianismo. Para la mayoría de los cristianos, esta es la palabra más alegre para alabar al Creador.

- **Amén:** quiere decir «así sea» (Jer 11:5) o «efectivamente» (Jer 28:6). Amén (en hebreo: אמן, amen; en árabe: آمين, āmīn) es una palabra semítica que suele traducirse como «así sea», con un sentido aprobatorio, o «así es», como símbolo de reafirmación (por ejemplo, de la fe).1 Empleada en el judaísmo, posteriormente también fue adoptada por el cristianismo y el islam. Esta palabra es una de las aclamaciones más frecuentes, y se utiliza generalmente como fórmula para concluir las oraciones.

- **Ayuno:** Se llama **ayuno** al acto de abstenerse total o parcialmente de comer o beber,[1] a veces por un **período de** tiempo. Los salmos invitan frecuentemente al ayuno personal en ocasiones de dificultad: Salmos 35, 69, 109. Véase también Daniel 9:3; 10:3; Esdras 10:6; Nehemías 1:4.

La práctica del ayuno era frecuente en el judaísmo del primer siglo y aparece en el Nuevo Testamento, especialmente con los discípulos de Juan Bautista (Mc 2,18). Jesús ayunaba (Mt 4) y su advertencia a no manipular esta práctica para atraer atención (Mt 6,17; Lc 18,12) no debe interpretarse como un rechazo. Como los profetas, Jesús enfatizó la contrición y el arrepentimiento como la esencia del ayuno.

- **Dios le Bendiga:** es el saludo que identifica a la iglesia del Señor Jesús, significa desear a la persona la bendición de Dios.
- **Dorcas:** les decimos así a las mujeres como una expresión de admiración por las buenas obras que ellas desempeñan. Dorcas en la biblia es Tabita (Hch 9:36-43).
- **Hermanos:** la palabra de Dios en el evangelio según Juan 1: 12 dice que a todos los que hemos creído en su nombre somos hijos de Dios. Por lo anterior, nos consideramos todos hijos de un mismo Padre celestial, llegando a ser así, todos hermanos espirituales.
- **Vigilia:** se le llama así al evento de no dormir y permanecer en alabanza, adoración, enseñanza de la palabra de Dios durante toda la noche o hasta la media noche.

Hay muchas otras palabras que son usadas en las congregaciones; ideal será que cada quien anime a los nuevos a preguntar lo que desean conocer, y así que estos se sientan identificados con el lenguaje e idioma que hablamos. Eso ayudará a que cada vez se sientan más acogidos por la familia de Dios.

DISCIPULADO "PASO A PASO"

PASO III:
Creyente
(1 Cor 12:12-31)

**CONTENIDO
PASO III**

Sesión 1: Salvación y Condenación	**Página 43**
Sesión 2: La mejor decisión	**Página 44**
Sesión 3: ¿Qué debo hacer?	**Página 45**
Sesión 4: El resultado (parte 1)	**Página 46**
Sesión 5: El resultado (parte 2)	**Página 47**
Sesión 6: Hasta el fin.	**Página 48**
Sesión 7: Nuestro buen Dios, nos da…	**Página 50**
Sesión 8: Una residencia permanente	**Página 51**

Creyente

Hemos venido enseñando por tres meses más o menos las lecciones anteriores y deseamos en el corazón que cada uno de los que han escuchado y recibido estas sesiones del estudio bíblico; ahora son personas nuevas convertidas, nuevas criaturas, que tengan un apetito por conocer más de la palabra de Dios.

Ya son personas que dieron ese paso de fe y de obediencia pasando por las aguas del bautismo con la invocación del nombre de Jesús en sus vidas, se entregaron por completo a él.

Una nueva etapa se vislumbra para ellos, algo emocionante y de mucha bendición para sus vidas, de hecho, el Señor mismo les recompensará de una manera interesante. Ahora serán servidores en el cuerpo de Cristo.

Hemos llevado las personas en proceso de aprendizaje así:

- **Paso 1 Escogidos**: cuando estábamos muertos en delitos y pecados, él nos dio vida (Efe 4:1).
- **Paso 2 Congregarse**: me alegro de ir a la casa de Dios (Sal 122:1).
- De sólo congregarse a ser un Creyente (1 Cor 12: 12-31).

Ahora pretendemos motivar a que el plan de salvación sea cumplido en cada uno: tomar la decisión de arrepentirse, bautizarse en el Nombre de Jesús, recibir el Espíritu Santo y seguir una vida en santidad.

Las sesiones estarán basadas en: la veracidad de la salvación y condenación (así como fue real el diluvio así es real hoy en día la salvación y condenación), una decisión a tiempo (mirando la realidad de la salvación necesitamos hacer una decisión ahora).

¿Cómo hago esa decisión?

- El Arrepentimiento (la forma de entregar mi vida a Jesús, reconociendo, aceptando, abriendo el corazón),
- Los resultados de la decisión (ser Bautizado en el Nombre de Jesús, recibir el Espíritu Santo), Perseverando hasta el fin (debemos convertirnos en creyentes de perseverancia no de momento), Bendiciones del creyente (al ser del cuerpo de Dios tenemos promesas de parte de él).

Esto dará como resultado un crecimiento especial de creyentes en la iglesia y su formación para tener futuros servidores.

SESIÓN #1:

Salvación y Condenación
(1 Ped 3:20-21 / Heb 12:14)

Cuando de pronto, un grupo de personas en su viaje, toman otra ruta y se dan cuenta que en la ruta que no tomaron, se dio un accidente mortal; las personas se sienten agradecidas.

Todo sentimos temor frente al fracaso, el peligro, la ruina entre otros. El hombre busca continuamente salvarse de todo esto; pero la búsqueda mayor debe ser para la salvación de su condición actual y eterna.

La Biblia nos habla de un hombre rico, con una condición económica muy buena, pero no su relación con Dios. (Lucas 12: 16-21.) La Biblia dice que si sabemos lo bueno que hay que hacer y no lo hacemos se nos convierte en pecado. Las personas hablan de cielo, de infierno, de salvación, de condenación. Saben que, si existe, pero no le dan la importancia adecuada.

1. **Salvación:** es la solución de un problema grave o liberación de un peligro, de una amenaza, de una situación difícil, etc. En un sentido espiritual es el rescate de Dios para el hombre, el cual estaba muerto en delitos y pecados y él vino a darle vida. Dios da la salvación gratuitamente, quitando la culpa del Pecado y la Muerte, y el goce de una Vida eterna. Hebreos 2:3-4. 1 Pedro 1:18-19.

2. **Condenación:** es el hecho de culpar o culparse. El hombre iba directo a la condenación a causa de su naturaleza pecaminosa. Esta condenación existe para todos aquellos que no se arrepienten de sus malos caminos. Alejado de la paz de Dios y cautivo a un tormento eterno. (Romanos 3:23, 5:12)

El infierno existe, así como también existe el cielo, no podemos ignorar ambas realidades, debemos de ser conscientes y serios, si la biblia los menciona, estos son verdaderos, la biblia no miente. Analicemos:

Noé	Generación de Generación Actual
La sentencia es igual	
Por el pecado del hombre	Actualmente las cosas

DISCIPULADO "PASO A PASO"

Dios determina acabar con la vida de todo ser viviente **(Gen 6:5-7)**	siguen igual, el hombre Que peca es condenado. (Rom 3:23, 5:12)
	**Llamado y Obediencia**

Noé hallo gracia, fue llamado por Dios y	Dios sigue llamando y espera que el hombre
El obedeció a lo dicho por Dios **(Gen 6:8-22)**	Le obedezca (Hch 17:31-32 / Mat 11:28)

Llamado y Obediencia

Noé hallo gracia, fue llamado por Dios y	Dios sigue llamando y espera que el hombre
El obedeció a lo dicho por Dios **(Gen 6:8-22)**	Le obedezca (Hch 17:31-32 / Mat 11:28)

Advertencia y Preparación

Noé fue advertido aun cuando no veía el diluvio	Estamos en lo mismo, advirtiendo de la existencia
Y preparó el arca donde él y su familia se salvarían **(Heb 11:7)**	De la salvación y de la condenación: por lo cual debemos prepararnos con nuestras familias. **(Mar 16:15-16 / Hch 17:25-31)**

Conclusión: La Salvación y Condenación son reales

Dios no perdono el pecado de los antiguos, dando **Una salvación real sólo a Noé y su familia (2 Ped 2:4-9)**	Así como Noé por su obediencia fue salvo, ahora **Dios libra al hombre de una condenación también real. (Jn 3:16 / Rom 8:1)**

Paralelo de generaciones tomado de la IPUC.

Así como se efectuó la salvación y la condenación a la primera generación de seres humanos, así se hará con nosotros también.

Es ideal arrepentirse y venir al camino de nuestro creador.

SESIÓN #2:
La Mejor Decisión
(Mar 10: 28-31)

Dejarlo todo y seguirle
Esta convicción solamente está al alcance de aquellos verdaderos seguidores del Señor Jesús; los nosotros que hemos decidido a dejar lo que más amamos somos aquellos que recibiremos cien veces más en esta vida: nuestros más queridos familiares: hijos, cónyuges, nietos, amigos etc. Nuestras posesiones materiales: trabajo, negocios, dinero, no se comparan en valor nunca con las verdaderas bendiciones que nuestro buen Señor y Dios tiene preparadas para nosotros (Mar 10: 29-30).

EL que no siguió al Señor Jesucristo por amor al dinero (Marcos 10:17-22;)
La triste realidad de esta persona, que creía que con hacer buenas obras ya podía ser salvo, que, con cumplir ciertos mandamientos, pero sin ser un verdadero seguidor del Señor Jesús, seria salvo. No solamente se fue sin seguir a Jesús, sino que también se fue triste.

El hombre está acostumbrado a tomar decisiones y en la mayoría de veces rápidas, sin pensar muy bien.
- Decide rápido sobre tipos de comidas, ropas que vestir e incluso para endeudarse, decide rápido.
- Tomar algún empleo o iniciar negocios, los estudios que seguirá haciendo para instruirse
- Fechas importantes en su vida (matrimonios, vacaciones, etc) tomándolas sin previo análisis
- El médico, el hospital, los medicamente a ingerir, incluso deciden en que cementerio quieren quedar y el tipo de féretro.

Pero el ser humano nunca toma la decisión de seguir a Jesucristo, lo siente anticuado, no muy importante o como algo que puede esperar. Está displicencia la ha sembrado el mismo diablo, por medio de hacer sentir o creer que Dios no cumple, que no es verdad que volverá por su iglesia o que es un Dios sin amor, que nos hace sufrir.

El apóstol Pedro nos aclara el motivo de la tardanza (si es que se le puede llamar asi); leamos:

2 Pedro 3:9 *El Señor no retarda su promesa, según algunos la tienen por tardanza, sino que es paciente para con nosotros, no queriendo que ninguno perezca, sino que todos procedan al arrepentimiento.*

Los beneficios de seguir al Señor Jesucristo son:
Él ve, lo que nosotros no vemos (Mar 1:16). Gracias a él, que no nos vemos como merecemos sino con ojos de amor. Lo que los demás no ven bien, él lo ve bien.
Nos lleva a bendición extrema (Mar 1: 17) de los lugares en los que estamos, quizás nos parezcan buenos, pero Él tiene aún mejores lugares para nosotros. (Jer 29:11)
Al solo verlo, decidimos (Mar 1:18), el tener un encuentro personal con el Señor, el poder sentir su presencia nos hace decidir por él y no por otros. Los discípulos dejaron sus redes, las cuales representan sus pasados trabajos, su estilo de vida pasada. Decidir por seguir a Jesús nos da una nueva vida.
Rompe el pasado (Mar 1:19), redes rotas (vidas rotas o fracasadas), el Señor sin ellos habérselo pedido les daba. Y es que no es por las obras que hagamos, sino que es por su gracia (Efe 2: 8-9)
n, quizás creamos que estamos dejando seres queridos, amigos, por el Señor; pero en si no es de esa manera, antes teníamos solo el amor de ellos; ahora tenemos un amor mucho más grande, el de nuestro creador. Y eso hará que nuestra familia también venga a los pies del Señor y estemos juntos en este nuevo tipo de amor.

SESIÓN #3:
¿Qué debo de hacer?
(Hch 17:30) "El Arrepentimiento"

Es frustrante recibir el mejor regalo de cumpleaños por parte de nuestros padres, pero a la vez no poder usarlo.

Dios en su propósito siempre actúa para que las personas obtengan la salvación, tomen una decisión a tiempo y muestra la forma cómo hacer posible esta decisión. (Fil 1:6, Dios comienza y él termina).

Para el desarrollo de esta lección miraremos algunos personajes y la forma en que hicieron veraz su decisión. (Hacer énfasis en ese momento del encuentro con Jesús).

1. **Saulo de Tarso**: nacido en la ciudad de Tarso, instruido a los pies de Gamaliel, amante de la ley (Hechos 22:3-4) y perseguidor de los cristianos (Hechos 8:1-3. 22:5). De esta manera Saulo era un hombre con autoridad, rigidez, arrogancia y soberbia.

   ¿Puede usted imaginar algún hermano evangelizando a Saulo? De seguro ninguno se acercaría a él. Pero hubo una forma que le permitió tomar la decisión de seguir a Jesús.

   1. **Hechos 9:1-17** (lectura con los asistentes) la forma en que Saulo hizo su decisión fue **"Reconociendo"** su pecado (aun cuando pensaba que estaba haciendo lo correcto) o su condición ante esta experiencia gloriosa ¿Quién eres, Señor? ¿Qué quieres que yo haga?
   2. Una de las formas de hacer la decisión de entregar la vida a Jesús es reconociendo nuestra condición o nuestro camino de pecado aun cuando pensamos que vamos bien (Prov 14:12).

2. **El etíope, eunuco**: Hechos 8: 26-35 (lectura con los asistentes) procedente de la región de África, oficial importante, funcionario de Candace reina de los etíopes.
   1. La forma en que el etíope hace su decisión es **"Aceptando"**

DISCIPULADO "PASO A PASO"

la ayuda en la explicación de la palabra que leía, ayuda que le brindo Felipe y que al entenderla el eunuco la obedeció

2. Otras de las formas en que se puede hacer la decisión es aceptando la explicación de la palabra de Dios la cual llevara a entender lo que debemos hacer. (Juan 5:39).
3. **Lidia: Hechos 16:11-14**. (lectura con los asistentes) mujer vendedora de púrpura (tinte extraído de moluscos) de la ciudad de Tiatira (famosa por este comercio) y que estaba en ese momento en la ciudad de Filipos, tomo una gran decisión.
   1. La forma en que Lidia hace la decisión de entregarse a Jesús es **"abriendo el corazón"** dejando que la palabra de Dios toque sus sentimientos y su vida.
   2. Muchos escuchan la palabra de Dios, pero son duros de corazón, aun cuando se sienten atraídos y saben que es la verdad. Si la palabra lo toca y siente algo en el corazón no se resista, haga su decisión. (Jer 23:29).

¿A pensado como entregar su vida a Jesus?

- Reconociendo como Saulo
  Hch 9: 1-17

- Aceptando como el Etiope
  Hch 8:26-35

- Abriendo el Corazon como Lidia
  Hch 16:11-14

Dios busca alguien que reconozca, acepte y abra su corazón a las palabras de Él.

FRANCIS LEE

*Condensado del libro: "ACTS", por Royer Reynolds

SESIÓN #4:
El Resultado (Parte 1)
(Hch 2: 38): "El Bautismo en el nombre de Jesús".

Si nos sirven un plato de comida completo, no lo están dando para comer solo una parte de él y luego nos lo quitan; en su efecto, tampoco es adecuado que nos den la comida y usted solo se coma una parte de él. Seria de mala educación hacer cualquiera de los dos actos anteriores, ya sea de parte del servidor o del comensal. Es de dejar que se coman todo y de comerse todo.

El cristiano va cada día de victoria en victoria, no podemos quedarnos solo en tomar una decisión, sino que Dios está interesado que sigamos adelante, el plan de salvación es un regalo completo por lo tanto no se puede tomar solo una parte del regalo sino el paquete completo.

La gente que escuchó el sermón en el día del pentecostés anheló recibir la salvación completa, el regalo completo, y recibieron una respuesta concreta:

Pedro les dijo: arrepentios y bauticese cada uno de vosotros en el nombre de Jesucristo para el perdón de los pecados y recibiréis el don del Espíritu Santo. (Hechos 2:38)

Al entregar nuestra vida a Dios de la forma más apropiada junto a ello encontraremos un resultado y paso siguiente que simplemente aparece en nuestros corazones, lo podemos describir como un sentir, una necesidad o un llamado, miremos el resultado siguiente en la vida de Saulo, El Etíope y Lidia luego que decidieron aceptar a Jesús.

* I. Luego que Saulo tiene su experiencia con Jesús dice Hechos 9:18-19 aparece el siguiente paso que fue el ser **bautizado en el Nombre de Jesús**. (***Hechos 22:16***. *Ahora, pues, ¿por qué te detienes? Levántate, bautízate y lava tus pecados invocando su nombre*) iniciando una vida de servicio, llevando el evangelio a mu-

chas ciudades, escribiendo gran parte del Nuevo Testamento y guardo su fidelidad a Dios hasta la muerte. 2 Timoteo 4:6-8.

*II. **El etíope al entender las escrituras, entrega su vida a Jesús**, hace el siguiente paso a ser **bautizado** en agua *Hechos 8:36-40 Mandó parar el carro; y descendieron ambos al agua, Felipe y el eunuco, y lo bautizó.* Fue un paso que no se hizo esperar al ser enseñado y su hambre de conocimiento fue satisfecha el etíope pide que se le bautice.

*III. **Lidia la mujer comerciante de púrpura recibe a Jesús** abriendo el corazón siente el llamado al siguiente paso, el ser **bautizada.** Pero en esta historia no solo aparece ella sino también su familia, la salvación de su casa o familia debe empezar por alguien en el caso de la familia de Lidia comenzó por ella, puede ser igual en su caso usted puede ser el inicio de la salvación en su familia. *Hechos 16:15 Y cuando fue bautizada, junto con su familia, nos rogó diciendo: Si habéis juzgado que yo sea fiel al Señor, hospedaos en mi casa. Y nos obligó a quedarnos.* Familias para salvación Hechos 16:31-33, 11:14

---

*Condensado del libro: "ACTS", por Royer Reynolds

SESIÓN #5:
El Resultado (Parte 2)
(Hch 2:1-4) Recibiendo el Espíritu Santo

La persona que se entrega a Cristo en un arrepentimiento genuino y seguidamente es bautizado en el nombre de Jesús, tiene la promesa de ser lleno del Espíritu de Dios.

El espíritu santo del Señor es aquel que Él mismo prometió que enviaría, para no desampararlos, para no dejarlos huérfanos, para darles seguridad, confort y sobre todo para guiarlos a toda verdad y justicia. Aquel que recibe el poder del Espíritu Santo del Señor llega a ser alguien estable emocionalmente, no fluctúa de arriba hacia abajo, siempre está confiado y seguro de sí mismo, porque su confianza radica en aquel que es el todo poderoso.

El Espíritu Santo es otra manifestación del mismo, único y verdadero Dios. No es en sí, que enviaría a otro dios, sino que Él les daría el espíritu de Él, para darles seguridad y sabiduría. En **Juan 14: 18** la expresión… **no os dejaré huérfanos "VENDRE A VOSOTROS"**, nos da la muestra que Él mismo se encargaría de darnos esa protección y de Él mismo estar en nosotros (Juan 14: 17).

¿Qué hacer para recibir el Espíritu Santo?

1- Tener sed: cuando el cuerpo tiene sed busca la forma de saciarla, cuando el creyente tiene anhelos, deseos, sed de recibir El Espíritu Santo busca, ora, llega temprano al templo, lee la Biblia y esto es continuo llega el momento que Dios sacia esa sed y le da la promesa de la llenura o bautizo del Espíritu Santo.

2- Venga a mi: Jesús es el único que puede llenarnos, ir a Él, es reconocer que Él es nuestro Señor y Dios; asi como lo hizo Tomas (Juan 20: 28). Pero sobre todo es honrar esa expresión obedeciendo a Él, en todo.

3- Creer: Un requisito esencial para la salvación es creer en el Señor Jesucristo (Mar 16: 16)… por lo tanto al tener nuestro deseo de buscarle y de venir a Él, en obediencia, demostramos que si creemos en Él y es cuando somos aptos para ser llenos de Él.

¿Cómo saber que he sido lleno del Espíritu Santo?
El hablar en lenguas es la evidencia inicial de ser lleno del Espíritu Santo. El

hablarlas es un don de Dios y no es exhibicionismo ni demostración de poder, es una forma de comunicación directa con nuestro Dios.

Si la persona no tiene el don de interpretación de lenguas, lo más seguro es que ni él sabrá lo que está hablando, pero ese fenómeno sobre natural es originado por Dios y es para comunicación directa con Él. *1 Cor 14:22*

Vemos el poder de la manifestación del Espíritu Santo actuando en la iglesia, leamos estos pasajes:

- **Hechos 2:1-4** (derramamiento del Espíritu Santo a aquellos 120 en el aposento alto)
- **Hechos 8: 14-17** (ante la predicación sobre Jesús por parte de Felipe habían sido bautizados en el nombre del Señor, pero aún no habían sido llenos del Espíritu Santo)
- **Hechos 10:44** (Pedro en la casa de un gentil, predicando sobre Jesús y en lo que lo hacía, también ellos fueron llenos del poder del Espíritu Santo).
- **Hechos 19:1-6** (Pablo les pregunta a los Efesios si lo había recibido, los cuales ni lo conocía, pero al ser bautizados en agua, también recibieron el Espíritu Santo).

Los miembros de la iglesia primitiva lo recibieron y eso les ayudó a ser y hacer lo que el Señor les había encomendado (Hch 2:1-4), este nos da poder para testificar (Hch 1:8), nos ayuda a mantener una vida en santidad (Rom 8: 1-2, 13), desde luego nos guía a toda verdad y justicia (Jn 16: 12-13), sin la llenura del Espíritu Santo en nosotros, sería imposible recibir los dones espirituales ni dar a luz el fruto del espíritu.

SESIÓN #6:
HASTA EL FIN.
(Mat 10: 22, 24:13)

Este particular texto fue originalmente dirigido a los apóstoles cuando fueron enviados a enseñar y a predicar en el nombre del Señor Jesús (Mat 10: 22). Tal vez en sus mentes flotaban brillantes visiones de honor y estima entre los hombres. No se trataba de una dignidad insignificante contarse entre los doce primeros heraldos de la salvación ante los hijos de Adán. ¿Acaso se necesitaba poner un freno a sus elevadas esperanzas? Tal vez sí.

Para que no iniciaran su obra sin haber calculado el costo, el Señor Jesús les da una muy completa descripción del tratamiento que habrían de recibir, y les recuerda que no era el comienzo de su ministerio lo que les ganaría su recompensa, sino que "el que persevere hasta el fin, éste será salvo". Expresión dada también a ellos ante la interrogante de cuando sería el fin del siglo (Mat 24: 13)

El éxito de llegar a la meta o perseverar hasta el fin depende de cómo estemos fundamentados o establecidos en Cristo. Para esto debemos escuchar y practicar la palabra de Dios.

Spurgeon sobre la perseverancia en el camino del Señor:

Voy a hablar sobre nuestro texto, con brevedad y sinceridad, conforme Dios me capacite, así: la perseverancia es el distintivo de los santos; el blanco de nuestros enemigos; la gloria de Cristo; y el cuidado de todos los creyentes.

LA PERSEVERANCIA ES EL DISTINTIVO DE LOS VERDADEROS SANTOS.

Es su señal escritural. ¿Cómo puedo conocer a un cristiano? Bien, hasta cierto punto, las palabras revelan al hombre; pero el discurso de un hombre no siempre es la copia de su corazón, pues muchos son capaces de engañar con un lenguaje afable.

¿Qué dice nuestro Señor? "Por sus frutos los conoceréis". Pero, ¿cómo habré de conocer los frutos de un hombre? ¿Vigilándolo durante un día? Puedo, tal vez, formarme una conjetura de su carácter al estar con él durante una sola hora, pero no podría pronunciarme confiadamente sobre el estado verdadero de un hombre ni siquiera habiendo estado con él una semana.

Una vez le preguntaron a George Whitfield qué pensaba del carácter de una cierta persona. "Nunca he vivido con él", fue su muy prudente respuesta.

Aunque las obras no justifican al hombre delante de Dios, sí justifican la profesión de un hombre delante de sus semejantes.

Además, la analogía nos muestra que es la perseverancia la que debe señalar al cristiano. ¿Cómo conozco al ganador de una carrera? Allí están los espectadores y allá están los corredores. ¡Qué hombres tan fuertes! ¡Qué músculos tan magníficos! ¡Qué fortaleza y qué vigor! Allá está la meta, y allí es donde debo juzgar quién es el ganador, no aquí, en el punto de partida, pues "¿No sabéis que los corren en el estadio, todos a la verdad corren, pero un solo se lleva el premio?" Yo podría seleccionar a esta persona, o a aquella, como probable ganador, pero no puedo estar absolutamente seguro hasta que la carrera haya terminado.

LA PERSEVERANCIA ES EL BLANCO DE TODOS NUESTROS ENEMIGOS ESPIRITUALES

Tenemos muchos adversarios:

Primer enemigo, el mundo: este no objeta que seamos cristianos por un rato; pasará por alto alegremente 'todo nuestro mal comportamiento' en ese sentido, si ahora nos damos la mano y somos como solíamos ser antes. Sus antiguos compañeros que solían llamarles buenas personas cuando ustedes eran malas personas, ¿acaso no los perdonarían rápidamente por haber sido cristianos, si regresaran y se comportaran como en días pasados? ¡Oh!, ciertamente, considerarían a la religión de ustedes como una extravagancia de la necedad, pero fácilmente la pasarían por alto, si renunciaran a ella en el futuro. "¡Oh! -dice el mundo- "regresa; regresa a mis brazos otra vez; enamórate de mí, y aunque has hablado algunas duras palabras en contra mía, y has hecho crueles cosas en mi detrimento, jubilosamente te perdonaría." El mundo está siempre dando de puñaladas a la perseverancia del creyente. Algunas veces le intimidará para que regrese, y para ello utilizará crueles mofas; y en otro momento le engañará: "¡regresa a mí; ¡oh, regresa! ¿Por qué habríamos de estar en desacuerdo? ¡Tú estás hecho para mí, y yo estoy hecho para ti!" Y el mundo le llama con señas tan gentil y dulcemente, como la ramera de Salomón de antaño. El tema de esa ramera es que dejes de ser un peregrino, y te quedes a comprar y vender con ella en la Feria de las Vanidades.

Tu segundo enemigo es la carne: ¿Cuál es su meta? "¡Oh!" -clama la carne- "hemos tenido suficiente de esto; es cosa pesada ser un peregrino, renuncia a ello." Pereza dice: "quédate quieto allí donde estás. Ya tuviste lo suficiente como un festín, al menos en relación a esta cosa tediosa." Luego la lascivia clama: "¿voy a ser mortificada siempre? ¿Nunca me van a dar gusto? ¿No me darán una licencia, al menos, en esta constante guerra?" A la carne no le importa cuán suave sea la cadena, siempre que nos detenga firmemente e impida que prosigamos a la gloria.

Tercer enemigo, el diablo: el cual, algunas veces toca el gran tambor, y grita con una voz tronante: "no hay un cielo; no hay Dios; eres un tonto por perseverar". O, cambiando sus tácticas, grita, "¡regresa! Te daré un mejor trato que el que tenías antes. Tú me considerabas un señor duro, pero eso es un embuste; ven y pruébame; soy un diablo diferente al que era hace diez años; ahora soy respetable en comparación a lo que era entonces.

Creo que he demostrado, -y no necesito gastar más palabras en ello- que la perseverancia es el blanco al que apuntan todos los enemigos. Usa tu escudo, cristiano, por tanto; ponte tu armadura, y clama con potencia a Dios, para que por su Espíritu puedas perseverar hasta el fin.

LA PERSEVERANCIA ES LA GLORIA DE CRISTO.
El hecho de que haga que todo Su pueblo persevere hasta el fin, es grandemente para Su honra. Si apostataran y perecieran, cada oficio, y obra, y atributo de Cristo sería manchado en el cieno. Si alguno de los hijos de Dios pereciera, ¿dónde quedarían los compromisos del pacto de Cristo? ¿Qué valor tendría Él, como mediador del pacto y como la fianza de ese pacto, si no ha guardado las promesas para toda Su simiente? Hermanos míos, Cristo es hecho un líder y un comandante del pueblo, para llevar a muchas almas a la gloria; pero si no las llevara a la gloria, ¿dónde estaría el honor del capitán? ¿Dónde estaría la eficacia de la sangre preciosa, si no redimiera eficazmente? Si sólo redimiera por un tiempo y luego permitiera que pereciéramos, ¿dónde estaría su valor? Si sólo borrara el pecado por unas cuantas semanas, y luego permitiera que el pecado regresara y permaneciera en nosotros, ¿dónde, pregunto, estaría la gloria del Calvario, y dónde estaría el lustre de las heridas de Jesús?

Él vive, Él vive para interceder, pero ¿cómo puedo honrar Su intercesión, si es infructífera? ¿Acaso no ora: "Padre, aquellos que me has dado, quiero que donde yo estoy, también ellos estén conmigo"; y si no fueran llevados finalmente a estar con Él donde Él está, ¿dónde estaría el honor de Su intercesión? ¿Acaso no habría fallado el Intercesor, y el Mediador habría sido despachado sin éxito? ¿Acaso no está unido en este día con Su pueblo?

Concluyo, por lo tanto, con una sugerencia acerca del último punto, y es **LA PERSEVERANCIA DEBE SER EL GRAN CUIDADO DE CADA CRISTIANO:** su cuidado de día y de noche. ¡Oh, amados! Les exhorto, por el amor de Dios, y por el amor de sus propias almas, que sean fieles hasta la muerte.
¿Tienen algunas dificultades? Deben conquistarlas.

Manténgase, el Señor viene pronto (Maranata 1 Cor 16:22)

SESIÓN #7:

NUESTRO BUEN DIOS, NOS DA...
(Efe 1:1-23)

No debemos de errar en creer en Dios, o rendir nuestra vida a Él, solo por las cosas que nos dará o está dando. Amamos a nuestro buen Dios, por lo que Él es.

En el capítulo 1 de la carta a los efesios, el apóstol Pablo nos da un detalle de las verdaderas riquezas que tenemos en el Señor Jesucristo:

Efesios 1: 1-14	
1. Bendecidos con toda bendición espiritual en los lugares celestiales en Cristo.	V. 3
2. Escogidos	V. 4

3. Predestinados para ser adoptados hijos suyos	V. 5
4. Aceptados en Él	V. 6
5. Redención, perdón de pecados	V. 7
6. Sobreabundancia de sabiduría e inteligencia	V. 8
7. Nos ha dado a conocer el misterio de su voluntad	V. 9
8. Herederos de Él.	V. 11
9. Creados para alabanza de su gloria.	V. 12
10. Hemos sido sellados con el Espíritu Santo.	V. 13

Puntualmente podemos detallar los beneficios que nos dar el haber creído en Él:

- **Salvación:**
  Sal 62:1, Lc 19:10, Hch 2:21, Hch 4:12, Hch 16:31, 2 Ped 3:9
- **Perdón de pecados:**
  Sal 86:5, Prov 28:13, 2 Cro 7:14, Hch 2:38, Hch 13:38-39, Efe 1:7, 1 Jn 2:2
- **Hijo de Él, miembro de la familia de Dios:**
  Exo 6:7, Jer 32:38, Juan 1:12, 1 Ped 2:9,
- **Sanidad divina:**
  Exo 15:26, Exo 23:25, Sal 103:1-3, Isa 53:5

SESIÓN #8: UNA RESIDENCIA PERMANENTE
(Juan 14: 1-2)

La biblia nos habla de que vivimos en este mundo, pero que no somos de este mundo.

- ☐ "Jesús oró; Ellos no son del mundo, como tampoco lo soy yo. Santifícalos en la verdad; tu palabra es la verdad." Juan 17:16-17
- ☐ "Amados, yo os ruego como a extranjeros y peregrinos, que os abstengáis de los deseos carnales que batallan contra el alma" 1 Pedro 2:12

- **Extranjero:** El concepto de extranjero hace referencia a aquél o a aquello que nació, es originario o que procede de un país de soberanía distinta. El término también se refiere a quien es propio de una nación en relación a los nativos de cualquier otro lugar y a todo país donde uno no ha nacido
- **Peregrino:** Que va a visitar un lugar sagrado, generalmente caminando, por motivos religiosos. Un peregrino es quien decide realizar un viaje extenso para llegar a un templo o lugar sagrado como una muestra de su fe y compromiso con Dios.

La Palabra de Dios nos dice que somos extranjeros y peregrinos en este mundo. Esto significa que esta tierra no es nuestro hogar. No pertenecemos aquí:

Generalmente un extranjero es una persona que sufre en otras tierras, pero se regocija porque sabe que un día volverá a su país, su tierra y con sus parientes.

La Biblia nos compara con extranjeros y peregrinos, porque venimos de otro mundo, otro hogar. Las circunstancias de la vida, las situaciones que podemos enfrentar quizás intenten quitarnos el ánimo para seguir adelante; pero el Espíritu del Señor por medio del apóstol Juan nos da una declaración poderosa: "... porque mayor es el que está en vosotros que el que está en el mundo (1 Juan 4:4).

- **Los apóstoles** enfrentaron situaciones adversas, pero su mira estaba en Jesús
  (Hch 4:17-21 / 5:17-42)
  - **Pablo** sufrió mucho en su carne, pero su mirada estaba en el Señor Jesucristo
    (2 Cor 11:23-27).
    - **Cada uno de los personajes bíblicos que narra hebreos 11**, pasaron por adversidades y no recibieron en esta vida terrenal lo prometido; sino que les aguardaba una corona, una recompensa inigualable. (Heb 11)

> No se turbe vuestro corazón; creéis en Dios, creed también en mí.
> En la casa de mi Padre muchas moradas hay; si así no fuera, yo os lo hubiera dicho; voy, pues, a preparar lugar para vosotros. Y si me fuere y os preparare lugar, vendré otra vez, y os tomaré a mí mismo, para que donde yo estoy, vosotros también estéis.
> (Juan 14: 1-3)

Como podemos ver **Hechos 5: 41** salieron del concilio gozosos de haber sido tenidos por dignos de padecer afrenta por causa del Nombre.
¡Regocíjate! porque llegará el día en que retornaremos a nuestro hogar. Recuerda que eres un extranjero y un peregrino en este mundo.

"Más nuestra ciudadanía está en los cielos, de donde también esperamos al Salvador, al Señor Jesucristo"
Filipenses 3:20.

Paso IV:
Ganador de Almas
(Prov 11:30 / Stgo 5:20)

DISCIPULADO "PASO A PASO"

CONTENIDO: PASO IV

Sesión 1: Soy salvo, y ahora ¿qué?	Página 55
Sesión 2: Para servir debemos de…	Página 56
Sesión 3: El llamado de Dios a nuestras vidas…	Página 57
Sesión 4: Mayordomos	Página 58

Sesión 5: El mejor trabajo de todos	**Página 59**
Sesión 6: Marcando la diferencia	**Página 60**
Sesión 7: Galardones	**Página 62**

Ganador de Almas

Su señor le dijo: "Bien, buen siervo y fiel; sobre poco has sido fiel, sobre mucho te pondré. Entra en el gozo de tu señor" **Mateo 25:23**

Ahora en este paso 4, contamos con la bendición de tener hermanos, familia cristiana, donde nuestra responsabilidad es abrirle un camino hacia el servicio a Dios. De esta manera se continúa con ellos el programa con el paso 4: "Ganador de Almas".

Aquí las personas ya no son solo creyentes, ni vienen solo a congregarse sino que ahora empieza a despertar en ellos un deseo por devolverle algo, por agradar en algo al Dios que los rescató del pecado, quieren servir dentro del templo y también nos corresponde a guiarlos para que así como alguien les habló de Jesús; ahora ellos también les hablen de Jesús a alguien más y se conviertan no solo en servidores dentro del templo, sino también en ganadores de almas para el reino de Dios y fuera del templo.

Para cumplir con este propósito, los temas que trataremos en esta etapa cuatro serán:

- **Soy salvo, y ahora ¿qué hago?**: fuimos creados con un propósito, el de agradar en toda nuestra manera de ser a nuestro buen Señor y Dios.
- **Ser servidores fieles y leales**: dando lo mejor de nosotros en todas las áreas a nuestro buen Dios.
- **No busca capacitados**: Él es quien nos enseña, instruye y capacita para su obra.
- **Las coronas del cristiano**: Hay algo especial reservado para los que le sirven a Él.

Y otros temas que serán de bendición.

Las enseñanzas que han precedido en los días, semanas y meses anteriores; han llevado como objetivo primordial el de darnos a conocer al único Dios verdadero, a la forma en la que Él se ha manifestado a los hombres, y de cómo su amor por la humanidad, nos ha salvado, pero también nos ha comisionado para llevar las buenas nuevas de salvación a otros.

Aquí nos hemos capacitado para poder recibir bendición y ser de bendición a otros. Con esto estamos teniendo un resultado de crecimiento de calidad, de servidores con calidad en su formación; lo cual hará que la iglesia del Señor esté cada día mejor, dando frutos, multiplicándose y salvando al perdido.

El deseo de nosotros es que usted sea bendecido y que lleve bendición a otros. El sentir de Dios, la misión de Dios siempre ha sido salvar y rescatar al perdido. La biblia tiene tres protagonistas principales, el enemigo, el hombre y el salvador.

FRANCIS LEE

Este salvador nos ama y desea que todas las personas vengan al arrepentimiento genuino y darles así vida eterna.

SESIÓN #1: SOY SALVO, Y AHORA ¿QUÉ HAGO?
(Efe 6:7-8)

"La actitud de ustedes debe ser como la de Cristo Jesús"
FILIPENSES 2:5 (NVI)
Para ser un siervo debes pensar como siervo. Dios está más interesado en por qué hacemos las cosas que en lo que hacemos. Los siervos piensan más en otros que en sí mismos. Se enfocan en los demás, no en ellos mismos. Esto es lo que significa "perder tu vida", olvidándote de ti mismo para servir a otros. Jesús se despojó de sí mismo tomando forma de siervo (Filipenses 2:7 PAR). No puedes ser siervo si estás lleno de ti mismo. Solo cuando nos olvidamos de nosotros mismos podemos hacer cosas que merecen ser recordadas. La actitud de ustedes debe ser como la de Cristo Jesús

Los siervos piensan como mayordomos, no como dueños. Recuerdan que todo le pertenece a Dios. En la Biblia, un mayordomo era un siervo al que se le confiaba una propiedad **(Gen 15:2, 39:3, Rut 2: 5-6, Isa 22:15, Dan 1: 11, Mat 20: 8, Luc 16: 1-8)**. El servicio y la mayordomía van juntos, puesto que Dios espera de nosotros que seamos dignos de confianza en ambos aspectos.

> La Biblia dice: "La única cosa que se requiere para ser tales siervos es que sean fieles a su señor"
> **1 CORINTIOS 4:2**

Los siervos piensan en su trabajo, no en lo que otros hacen. No comparan, critican, ni compiten con otros siervos o ministerios. Están muy ocupados haciendo el trabajo que Dios les asignó. Los siervos verdaderos no se quejan de las injusticias, no viven lamentándose ni se resienten con quienes no están sirviendo. Solo confían en Dios y continúan sirviendo.

Los siervos basan su identidad en Cristo. Dado que ellos recuerdan que fueron amados y aceptados por gracia, no tienen que probar su mérito no se sienten amenazados por tareas "inferiores".

Uno de los ejemplos más conmovedores de servicio es la imagen misma que Jesús muestra cuando lava los pies a sus discípulos. Los siervos piensan en el ministerio como una oportunidad, no como una obligación. Disfrutan ayudando a la gente, supliendo sus necesidades y realizando su ministerio. Sirven al Señor con regocijo (SALMO 100:2). Dios te usará si comienzas a actuar y pensar como un siervo.

Pablo describe su vida y labor como servicio prestado a Dios voluntariamente (2 Cor 6.4; Col 1.23).

Todo lo que hagamos para la obra del Señor Jesús en su iglesia por pequeño que sea es un servicio.

Servir es ofrendarme para que otras personas sean bendecidas, de tal forma que lo que se haga sea directamente para Dios y no buscando los aplausos o exaltaciones terrenales,

Servid de buena voluntad, como al Señor y no a los hombres, sabiendo que el bien que cada uno haga, ese recibirá del Señor, sea siervo o sea libre. Efesios 6:7 - 8

Cada cristiano debe servir según su capacidad, experiencia y formación cristiana (Mateo 25: 14-29)

SESIÓN #2: PARA SERVIR, DEBEMOS DE...
(Efe 6:21)

"Dios obra a través de personas diferentes en maneras diferentes, pero es el mismo Dios que cumple su propósito a través de todos ellos" 1 CORINTIOS 12:6

Eres una obra de arte hecha a mano por Dios. No has sido fabricado en una línea de producción, ni ensamblado ni producido en cantidades industriales. Eres un diseño hecho a medida, una pieza original. Dios deliberadamente te hizo y te formó para que le sirvieras de una que hace tu ministerio único. Dios no solo te formó antes que nacieras, sino que planeó cada día de tu vida para apoyar su progreso para formarte. Eso quiere decir que nada de lo que pasa en tu vida es irrelevante. Dios usa todo eso para formarte para que ministres a otros y para servirlo a él.

Cómo te forma Dios para tu ministerio
Dios no desperdicia nada. Él no da habilidades, intereses, talentos, dones, personalidad y experiencias a quienes las desperdiciarán; si Él te lo ha dado es para que cumplas un propósito especial dentro del reino de Él.
Utilizaremos el acróstico "F.O.R.M.A.", para aclarar el motivo por el cual nacemos con talentos y el Señor nos da dones, de acuerdo a su perfecta voluntad.

Cuando Dios decidió crearte, determinó exactamente lo que necesitarías para tu servicio singular. A esta combinación exclusiva de aptitudes se le llama moldear o dar FORMA:

F	**Formación espiritual**
O	**Oportunidades**
R	**Recursos**

M	Mi personalidad
A	Antecedentes

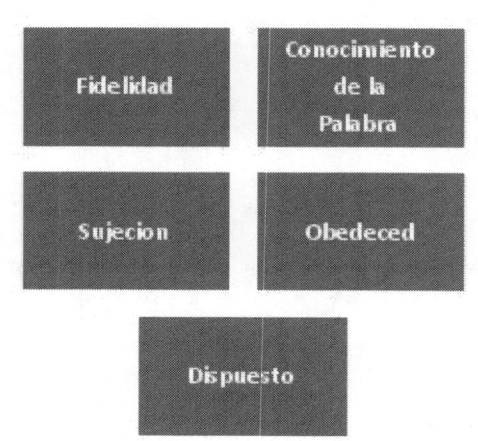

- Fidelidad
- Conocimiento de la Palabra
- Sujecion
- Obedeced
- Dispuesto

- **Formación espiritual:** por medio de diferentes personas recibiremos las enseñanzas adecuadas para formar nuestro carácter y ser así útil para la obra del Señor.
- **Oportunidades:** a todos se nos dota de talentos y dones para desarrollarnos.
- **Recursos:** El Señor nos provee de todo lo necesario para que hagamos su obra.
- **Mi personalidad:** es la que Dios irá moldeando por medio de mi carácter para reflejar el amor de Él a otros y a la vez, tener así sus pensamientos en mí.
- **Antecedentes:** tu testimonio de vida es la mejor forma de evangelismo. Del abismo del cual Dios te rescató será tu arma más poderosa para ganar a otros.

No se puede servir a Dios si no somos fieles, si no conocemos su palabra o no somos sujetos y estamos dispuestos. Una mesa y sus 4 bases deben estar a una misma medida para que sirva y no cojee la mesa.

Artículo: formado para servir a Dios (www.extendiendoelreino.com)

SESIÓN #3: EL LLAMADO DE DIOS A NUESTRAS VIDAS...

(Mat 22: 14 / Rom 1: 1-7)

Existe realmente un llamado por Dios, o es algo que los líderes espirituales han inventado para seguir formando hombres y mujeres que continúen con esta labor encomendada.
No todos recibimos el mismo tipo de llamado, ni en el mismo momento ni bajo las mismas circunstancias, este llamado viene de acuerdo a la función que nos tocará desempeñar en la obra del Señor Jesucristo.

Así, hay muchos con buena actitud a trabajar con niños, otros con ancianos, otros para un ministerio de las cárceles y prisiones, otros para asilos y hospitales, otros para la alabanza y otros para la predicación y la enseñanza. No para todos es lo mismo, Él solo, tiene el propósito definido para el cual le seremos útil.

La voluntad perfecta y la voluntad especifica de Dios van entrelazadas una con la otra, no se pueden separar. Él tiene en su corazón que todos vengan al arrepentimiento (voluntad perfecta), pero para llegar a eso llama a hombres y mujeres a ser colaboradores con él en determinada actividad (voluntad especifica).
Para poder escuchar la voz de Dios, es necesario que tengas consagración en tu vida, que dediques tiempo para él. El joven Samuel (hijo de Ana 1 Sam 1: 20) pasaba en el templo del Señor, colaborando en todo al sacerdote Elí; él había decidido dedicarse al Señor (1 Samuel 3).

El Espíritu Santo del Señor morará en ti, a medida tú te dejes ser lleno por él. Esa llenura solo viene dedicando nuestro corazón, alma y mente a Él (Mat 19: 37-38 / Deut 6:5).

1- **Conocer nuestro llamado:** tener en claro para qué el Señor nos ha llamado, la voluntad especifica de él para nosotros. Es decir, en cumplir los planes y propósitos de él y no nuestros planes y propósitos. Ante todo, es Él.

2- **Entender que el que nos llama es Él y no el hombre:** se dejan pasar muchas oportunidades a servir en la obra del Señor, por causa de no tener claro que cualquier privilegios y oportunidad de servir es dada por Dios a través del hombre. Este atento, sensible como lo estuvo el joven Samuel, a la voz de Dios y no a la voz del hombre.

3- **El motivo del llamamiento:** el cual es para glorificar al Señor y no a nosotros mismos. No podemos dejar que nos suceda lo mismo que a Lucifer, quien quiso absorber la gloria de Dios para él. Toda gloria y honra le pertenecen al Señor nuestro Dios, creador de todo y de todos.

4- **La comisión:** es algo irrefutable, algo a lo que, si hemos creído en Él y lo hemos aceptado como nuestro Señor y Dios, no nos podemos negar a hacer. Él es nuestro Señor y le obedecemos en todo. Ejemplos como Felipe dejando un gran avivamiento en Samaria, para movilizarse por una sola persona, el etíope **(Hechos 8: 26-40)** y de Ananías, yendo a orar por Saulo de Tarso **(Hechos 9: 10-19)**, son ejemplo de sumisión a la perfecta voluntad de Dios.

Personas a quienes Dios llamó y no rechazaron el llamado:

Noé: Gen 6: 8	**Abraham:** Gen 12: 1-3
Moisés: Exo 3: 4	**Profeta Samuel:** 1 Sam 3: 1-10
Isaías: Isa 6: 1-8	**Jeremías:** Jer 1: 5-9
Jesús llama a cuatro pescadores: Mar 1: 16-20	**Llamamiento de Levi:** Mar 2: 13-17
Llamamiento de Felipe y Natanael: Juan 1: 43-51	**Saulo de Tarso:** Hechos 9: 1-6

¿Le gustaría a usted ser llamado, capacitado y enviado por Dios? ¿Si escuchara el llamado de Dios para servirle, cómo respondería usted? La mejor respuesta seria" **heme aquí envíame a mí"**

SESIÓN #4: MAYORDOMOS

Mayordomo: Sirviente principal de una casa o hacienda, encargado de la organización del servicio y de la administración de los gastos. Es un criado, doméstico, servidor, sirviente

Mateo 25: 14 al 30 nos habla de la parábola de los talentos donde un hombre decide hacer un viaje, pero antes llama a sus mayordomos para que cuiden y administren sus talentos, la idea era que trabajaran y los hicieran producir, para que al venir el dueño de ellos darle buenas cuentas y utilidades de su servicio.

Analicemos:
- El Señor nos ha llamado para trabajar en su obra entre tanto el regresa. (ver 14-15)
- El Señor nos ha dado talentos según nuestra capacidad (ver 15)
- Nos ha dado talentos para que los trabajemos (Ver 16 - 18)
- Para que le rindamos cuentas de ellos (ver 20- 30)

De lo anterior podemos ver que un día el Señor vendrá y pedirá cuentas de lo que nos ha confiado.

Se describen los dos tipos de siervos:
- **Los buenos y fieles:** sin importar cuanto el Señor se tardase, ellos pusieron a trabajar sus talentos para darle a Él, cuando regresare un buen resultado de lo que Él, les confió (ver 21-23)
- **Los malos y negligentes:** no hicieron algo para poner a trabajar los talentos que su amo les dio (ver 26).

Ambos tipos de siervos tendrán su recompensa:
- **Podrán entrar al gozo eterno de su amo y Señor (ver**

21-23): a los buenos y fieles.
- **Serán echados a las tinieblas de afuera, lloro y crujir de dientes (ver 30):** a los malos y negligentes.

Nosotros hemos venido a ser escogidos como mayordomos del Señor; es decir, cuidamos algo que no es nuestro, la grey del Señor, las finanzas de su iglesia (para que siga avanzando con el mensaje de salvación), los bienes de Él y todo lo que concierne a una buena administración. Hagámoslo de la mejor manera posible, diligentemente, con fidelidad.

Lista de algunas cosas con las que podemos servir a Dios.

DONES ESPIRITUALES (1 Cor 14:12)

TALENTOS (Rom 12:11)	OFRENDAS (Exo 25: 1-9)
TESTIMONIOS (Mat 5: 14, Hch 1:8)	TIEMPO (Heb 10: 25)	DIEZMOS (Gen 14: 20, 28:22 Num 18 21-24 /Deut 14:23)

SESIÓN #5: EL MEJOR TRABAJO DE TODOS
(1 Cor 15: 58)

Siempre existirá un servicio especial más exigente, de igual manera de más liderazgo, según la capacidad de cada uno y con un llamado especial, dentro de la iglesia existen diferentes ramas de servicio, pero también diferentes capacidades como lo dice **Mateo 25: 15**

- a uno le dio dos,
- a otro cinco y
- a otro un talento según la capacidad,

Esperando de ellos el resultado de sus ganancias según sus capacidades.

De igual forma en la iglesia existen personas con diversas capacidades, pero no todas pueden ser ojo, u oreja **1 Corintios 12:14-19**. Pero se necesitan líderes espaciales para la obra.

Cuando trabajamos y/o servimos al Señor debemos de hacerlo:

1- **De todo corazón (Deut 10:12, 13:4):** el pueblo de Dios debia de amar con todas las fuerzas de su corazón, al Dios todo poderoso a ese mismo que los liberó de la esclavitud; la mejor forma de demostrar ese amor era, es y será sirviendole. No por obligacion ni para que los hombres nos vean sino agradar a Dios.

2- **Sin esperar algo a cambio (Col 3:23):** el milagro mas grande que hemos recibido de parte de nuestro buen Dios y Salvador es el perdon de pecados, el tener la salvación es lo mejor que pudo habernos sucedido. Lo anterior da paso a pensar que en verdad, siempre tendremos una deuda de amor con Él; es por lo cual nosotros le servimos, sin pedir algo a cambio **(1 Cor 10: 31).**

3- **Lo hacemos por gratitud (Efe 2:1):** teniendo claro que nuestro buen Dios, nos escogió, sin nosotros merecerlo, viviamos en pecado y, a pesar de eso, nunca nos vió como las demas personas nos ven, Él lo hizo con ojos de amor y cuando nadie confiaba en nosotros, Él si confió en nosotros y nos dio una nueva oportunidad de vida.

4- **Ejemplos de grandes siervos de Dios:**
- **Moisés:** colaborando para liberar al pueblo de Is-

rael de Egipto (Exo 3).
- **Josué:** guiando a la nueva generación a la tierra donde fluye la leche y miel (Jos 1).
- **Gedeon:** liberando al pueblo de la opresion de los madianitas (Jue 7).
- **David:** rescatando al pueblo de Dios de los filisteos y matando a Goliat (1 Sam 17).
- **Salomon:** liderando el pueblo de Dios despues de su padre David y construyendo el templo (1 Rey 8: 12-66 / 2 Cro 6: 1- 42).
- **Esdras:** restaurando el culto al Dios todo poderoso (Esd 3: 17) y haciendo volver al pueblo de la idolatria, leyendo en un mismo dia toda la ley de Dios frente a todo el pueblo (Neh 8).
- **Nehemias:** reconstruyendo los muros de Jerusalen, combatiendo contra toda clase de enemigos (Neh 3).
- **Las mujeres que servian a Jesús:** quienes habian sido sanadas de malos espiritus y de enfermedades, ahora en gratitud le servian (Lucas 8: 1). Maria, llamada Magdalena, Juana y Susana
- **Los apóstoles:** llevando el evangelio del Señor Jesucristo desde Jerusalen, hasta lo ultimo de la tierra. Hechos 1:8

SESIÓN #6: MARCANDO LA DIFERENCIA
Gen 8: 15-21

Muchas veces se nos hace difícil continuar y nos agotamos, llegando al punto de querer abandonar nuestra carrera.
Pero en medio de tu maratón hay alguien de quien puedes aprender mucho; Noé, quien nos dice que **"TÚ PUEDES MARCAR LA DIFERENCIA"**; lo sé porque cuando Dios decidió destruir la tierra con agua, hizo un pacto conmigo a fin de que no pereciera la humanidad. **(Leer Génesis 8:15-21)**.

La Biblia dice que vivió novecientos cincuenta años. Un logro bastante considerable. Sin embargo, es nada comparado a la manera en que disfrutó su vida: Su justicia salvó a la humanidad de la extinción.

El libro de Génesis explica la condición del mundo durante el tiempo de Noé. Dice: Al ver el Señor que la maldad del ser humano en la tierra era muy grande, y que todos sus pensamientos tendían siempre hacia el mal, se arrepintió de haber hecho al ser humano en la tierra, y le dolió en el corazón. Entonces dijo: «Voy a borrar de la tierra al ser humano que he creado. Y haré lo mismo con los animales, los reptiles y las aves del cielo. ¡Me arrepiento de haberlos creado!» Pero Noé tenía el favor del Señor **Gen 6:5-8.**

Mientras corremos con Noé, nos da palabras de ánimo que nos muestran cinco maneras en que podemos marcar la diferencia. Dice:

✓   **Puedes marcar la diferencia por tu familia**
Viviendo una vida de integridad y obediencia a Dios siempre tendremos el potencial de influir positivamente en otros. No todas las veces lo vemos mientras peleamos la buena batalla, pero ocurre exactamente igual.
Dios escogió a Noé para construir un arca debido a la manera en que vivía. Su obediencia no solo lo benefició a él. También salvó a su familia. **Génesis 7:1**

dice: Entra en el arca con toda tu familia, porque tú eres el único hombre justo que he encontrado en esta generación. Ese familiar tuyo se beneficia más cuando haces lo que es bueno.

- ✓ **Puedes marcar la diferencia por la creación de Dios**
Nunca jamás desempeñará alguien el papel tan especial que representó Noé, pero tú no tienes que ser un Noé para distinguirte en tu mundo. Cada uno de nosotros puede lograr que el lugar en que está sea mejor de cómo lo encontró. Piensa en la manera que puedes mejorar tu pequeño rincón del mundo.

- ✓ **Puedes marcar la diferencia por las generaciones futuras**
En cierta ocasión, un joven observaba a un hombre que tenía más de ochenta años que estaba sembrando un huerto de manzanos. El anciano amorosa y cuidadosamente preparó el terreno, plantó los diminutos vástagos y les echó agua. Después de estar mirándolo por un rato, el joven dijo:

Usted no espera que va a comer manzanas de esos árboles, ¿verdad?
No —replicó el anciano—, pero alguien lo hará.

Tus acciones ayudarán a esos que te seguirán. Debido al pacto de Dios con Noé, tenemos la seguridad de que no corremos el riesgo de la destrucción mundial por un diluvio. Los habitantes de la tierra todavía están recibiendo el beneficio que vino de la vida de un hombre justo.
Asimismo, tú y yo también podemos beneficiar a las generaciones futuras. Cuando sirves a las personas o influyes en ellas de manera positiva, y las animas a pasar por lo que otras recibieron, creas una cadena de impacto que sobrepasará tu vida.

- ✓ **Puedes marcar la diferencia por Dios**
Con demasiada frecuencia fracasamos en darnos cuenta de nuestra importancia para Dios. Las Escrituras dicen: «El Señor recorre con su mirada toda la tierra, y está listo para ayudar a quienes le son fieles» (2 Crónicas 16:9). Dios siempre está buscando a alguien que se ponga en la brecha por él y desea ser colega de las personas que lo aman.
Ese fue el caso de Noé. Dios se desalentó con la gente que creó. Sin embargo, Noé encontró el favor a los ojos de Dios y dio pie a que se salvara la humanidad. Debido a su relación con Dios, Noé cambió el curso de la historia.

- ✓ **Puedes marcar la diferencia a cualquier edad**
Algunas personas quieren ponerse restricciones de acuerdo con su talento, inteligencia o experiencia. Otras se preocupan por la edad. Sin embargo, para Dios, una persona puede marcar la diferencia, independientemente de las circunstancias o la situación. La edad no significa nada para Dios. Cuando Jesús alimentó a los cinco mil, un muchacho ofreció panes y pescados (Juan 6:1-13). Y en el caso de Noé, cuando comenzó a llover y entró en el arca, ¡tenía seiscientos años de edad! Tú nunca eres demasiado viejo, ni demasiado joven,

para marcar la diferencia por Dios.

Palabras de ánimo de Noé
No teman destacarse en una multitud. Sé lo que significa quedarse solo. Nadie me animó a seguir a Dios, pero me mantuve firme por él, incluso cuando todos los demás en el mundo adoptaron una postura contraria a la mía. Los que marcan la diferencia son diferentes.

No teman hacer algo por primera vez. Era muy raro construir un barco lejos de cualquier mar o río para que pudiera flotar. De modo que, como nunca antes había llovido, nadie se imaginaba siquiera un diluvio.

Sin embargo, estaba más preocupado por obedecer a Dios que de que me tomaran por loco.
No permitan que las palabras: ¡Eso nunca se ha hecho!» les impidan hacer lo que les pide Dios.

Cuando vean un arco iris, recuerden que una sola persona pudo marcar la diferencia.

Nunca había visto un arco iris hasta después que terminé lo que Dios me pidió. Colocó el arco iris en el cielo como un pacto para la humanidad de que nunca más destruiría el mundo con agua. La próxima vez que vean un arco iris, piensen en la promesa de Dios para ustedes:

¡Tú Puedes marcar la diferencia!»

SESIÓN #7: GALARDONES
(Sal 103: 4)

Cuando llegamos a los pies del Señor, él, no solamente nos rescata de la muerte (Pecado), sino que también nos bendice y premia nuestro esfuerzo, como dice el salmo: El que te corona de favores y misericordias.

1) **Corona por ganar almas.**
- **Fil 4:1 / Stgo 5:20.** El que gana un alma cubre pecados.
- El ganar almas es de sabios. **(Prov 11:30).**

¿Quieres una corona de gozo?, entonces no te detengas y empieza a ganar almas

2) **Corona por ser evangelista, predicar la palabra.** 2 Tim 4:5-8

3) **Corona por soportar las pruebas.** Apoc 2:10 / Stgo 1:12

4) **Corona por apacentar la grey.** 1 Ped 5:1-4
5) **Corona por luchar, resistir:** 1 Cor 9:24-27
6) **Corona por ser prudentes:** Prov 14:18

7) **Corona por confiar en el Señor.** SALMO 21:3

Qué le parece si venimos al altar a darle todas las coronas que él mismo nos ha dado.

BIBLIOGRAFÍA

La Unicidad de Dios:
Autor: David K Bernard (Pentecostal Publishing House)
Santidad Practica:
Autor: David K Bernard (Pentecostal Publishing House)
El nuevo nacimiento:
Autor: David K Bernard (Pentecostal Publishing House)
Wikipedia:
Palabras especificas en su significado
Diccionario REA:
Palabras especificas en su significado, antónimos, sinónimos.
The Pastor mentors His staff:
Autor: Paul V. Reynolds (Conexions Publishing 1998)
ACTS / Hechos (Edición AGET 2012)
Autor: Royer Reynolds (Overseas Ministries 2012)
Libros 1 y 2 de Reuniones familiares.
Iglesia pentecostal unida de Colombia
Manual para obreros cristianos:
Autor: Billy Graham (World Wide Publications 1984)
Un llamamiento:
Autor Joy Haney (World Aflame Publications 1999)
Called, sent, or just went:
Autor: Bret Cooley (Morris Publishing 2005)

EXAMEN PASO 1: ELEGIDO

1- ¿Qué significa la palabra biblia?
2- ¿Quién escribió la biblia?
3- ¿Por qué afirmamos que la biblia es la palabra de Dios?, por favor susténtelo con 2 citas bíblicas.
4- Analice 2 Tim 3: 16-17, destaque las palabras claves y explíquelas.
5- El Antiguo Testamento consta de _____ libros y el Nuevo Testamento de _____ libros, haciendo un total de: _____
6- Detalle el nombre de cada uno de los libros contenidos en:
   a. La ley:
   b. Históricos:
   c. Poéticos:
   d. Proféticos:
   e. 4 versiones del evangelio:
   f. Libro histórico del N. T.:
   g. Cartas paulinas:
   h. Cartas universales:
   i. Libor profético:
7- ¿Qué significa libros apócrifos y porque no están en el canon bíblico?
8- Menciones las principales características o atributos exclusivos de Dios:
9- ¿Qué es una teofanía?
10- Escriba y explique las diferentes manifestaciones de Dios a lo largo de los tiempos:
11- ¿A quiénes engañó y posiblemente engañará Satanás?, escriba citas bíblicas:
12- ¿Qué es el pecado?
13- ¿Cómo podemos ser salvos?:
   A- _____ el evangelio
   B- _____ de sus pecados
   C- _____ en Jesucristo
   D- _____ el acto del _____
14- ¿Cuál es el plan de salvación de Dios para la humanidad?, detallar todos los elementos:
15- Etimología de la palabra bautismo y su significado:
16- Mencione todos los ejemplos que pueda del bautismo en el Nombre de Jesús en la biblia:
17- ¿Qué es el Espíritu Santo?
18- ¿Cuál es la paga del pecado?
19- ¿Por qué y para qué es importante la llenura del Espíritu Santo?
20- De un breve testimonio de cómo es su nueva vida en Cristo:

EXAMEN PASO 2: CONGREGARSE

1- Qué significa
   a. Templo:
   b. Iglesia:
   c. Sinagoga:
2- ¿Qué es la iglesia?
3- ¿Cuándo inició operaciones la iglesia? Explique y susténtelo con citas bíblicas
4- ¿Qué era el pentecostés?
5- Cómo son conocidos los seguidores de Jesús y a donde se les llamó así por primera vez:
6- De ejemplos de lugares de reunión a lo largo de los tiempos:
7- Describa una posible organización de una iglesia local con sus departamentos de trabajo:
8- Cuáles serían los tipos de celebraciones en una iglesia local:
9- Cuáles son los requisitos para participar en los grupos, comités o departamentos de la iglesia:
10- Cuál es el culto desarrollado por el pastor y/o los diáconos
11- ¿Qué significa la palabra culto?
12- Narre la historia de la restauración del culto por parte de Esdras y los que regresaron de babilonia
13- Describa cómo sería el desarrollo del culto en la iglesia local:
14- ¿Cuáles son los beneficios de todos aquellos que nos congregamos?
15- Mencione algunas recomendaciones para la asistencia del culto:
16- ¿Qué es la oración y qué debe de contener?
17- ¿Cuáles eran las horas de oración de los judíos?
18- ¿Qué es alabar?
_____
_____
19- ¿Qué es adorar?
_____
20- De un detalle de expresiones usadas por los cristianos y a la vez de su significado

DISCIPULADO "PASO A PASO"

EXAMEN PASO 3: CREYENTE

1- ¿Qué significan las palabras: salvación y condenación?
2- ¿Cuál fue la sentencia para la generación de Noé y cuál es la sentencia para la generación actual que no cree?
3- ¿Cuál es la mejor decisión que podemos tomar en nuestras vidas?
4- Describa la realidad del que no siguió a Jesús por amor al dinero (Mar 10: 17-22):
5- Los beneficios de seguir al Señor Jesucristo son:

    a. Él _____ ve, _____

    b. Nos _____ lleva _____ a _____

    c. Al _____ solo _____ verlo _____

    d. _____ el _____ pasado _____

6- ¿Qué aprende de 2 Pedro 3:9
7- Cómo se convirtió en creyente:

    a. Saulo _____ de _____ Tarso:
_____
_____
_____
_____

    b. El _____ etíope, _____ eunuco:
_____
_____
_____

    c. Lydia, la vendedora de purpura:
_____
_____
_____

8- ¿Cómo sabemos que hemos recibido el Espíritu Santo?
9- ¿Qué hacer para recibir el Espíritu Santo?
10- Escriba y explique algunos versículos en donde el Espíritu santo fue derramado en el libro de los hechos de los apóstoles
11- Describa las 4 características de la perseverancia en los cristianos:
12- Cuáles son los enemigos espirituales
13- ¿Cuáles son las verdaderas riquezas que el Señor nos da (Efe 1: 1-23)?
14- Detalles los beneficios de haber creído en Él
15- ¿Qué significan las palabras, extranjero y Peregrino?

EXAMEN PASO 4: GANADOR DE ALMAS

1- En qué consiste la actitud de Cristo que debemos de adoptar todos sus seguidores
2- Por qué se dice que los siervos del Señor deben de pensar como mayordomos y no como dueños
3- De ejemplos de personas que Dios llamó y no rechazaron ese llamado
4- Por favor explique:

    a. Conocer nuestro llamado:
___
___
___
___

    b. Entender que el que nos llama, es Él y no el hombre:
___
___
___
___

    c. El motivo del llamamiento:
___
___
___
___

    d. La comisión:
___
___
___
___

5- ¿Qué significa la palabra mayordomía?
6- Analice y describa los dos tipos de siervos y las consecuencias que tendrán, según Mat 25: 14-30
7- Con qué podemos servir al Señor nuestro Dios
8- ¿Cuál es el mejor trabajo de todos?
9- Cuando trabajamos y/o servimos al Señor debemos de hacerlo:

    a. De todo corazón:
    b. Sin esperar algo a cambio:
    c. Lo hacemos por gratitud
(Explique cada una de las anteriores con sus propias palabras)

10- ¿Con cuál de los grandes siervos del Señor descritos en la biblia, usted se identifica?
11- Según la vida de Noé, cómo podemos marcar la diferencia en nuestros días.
12- ¿Cuáles son las coronas que podríamos recibir, según narra la biblia?

Este es un manual de estudio para nuevos convertidos y para todo aquel que desee conocer la palabra de Dios.

Se autoriza la reproducción del contenido

Ministerios FE.
www.ministeriosFEonline.wordpress.com

Made in the USA
Middletown, DE
29 December 2023

45736730R00066